FEVEN ABREHA TEKLE
MIT RAFFAELE MASTO

Ich wollte nicht töten!

Die dramatische Flucht einer Soldatin durch Afrika

Buch

Feven Abreha Tekle wächst in Eritrea auf, wo sie die Schule besuchen und einen Beruf erlernen darf. Doch dann kommt der Tag, an dem Eritrea Äthiopien den Krieg erklärt. Alle Wehrfähigen – Männer wie Frauen – werden einberufen. Feven kommt in eines der härtesten Ausbildungslager der Armee. Frauen werden hier noch schlimmer geschunden als Männer. Weil sie sich den sexuellen Avancen des kommandierenden Generals verweigert, wird Feven an einen Zaun gebunden und muss tagelang in der prallen Sonne verharren. Eine Tortur, die sie nur knapp überlebt. Feven ist verzweifelt. Die sinnlosen Schikanen, aber auch die Aussicht, im Krieg Menschen töten zu müssen, lassen in ihr den Entschluss reifen zu fliehen. In dem nur wenig älteren Tesfalem findet sie einen gleich gesinnten Begleiter. Geführt von einem geldgierigen Schleuser marschieren sie über hohe Berge und durch steinige Wüsten in der ständigen Furcht, als Deserteure entdeckt zu werden. Hunger, Durst, Erschöpfung, blutige Füße und Angst kann man nur durch den unbezwingbaren Willen zur Flucht und – im Glücksfall von Feven und Tesfalem – durch zwischenmenschliche Solidarität ertragen.

Als geheime Fracht gelangt sie auf einem Lastwagen gute 500 Kilometer durch die Wüste nach Karthoum. Nach einem schmerzlichen Abschied von Tesfalem gelangt Feven schließlich nach Tripolis. Hier warten schon skrupellose Menschenhändler auf die ahnungslosen Flüchtlinge aus allen Teilen des Kontinents. Schließlich erhält Feven die Zuteilung auf ein Schiff, das sich wenig später als schrottreifer Seelenverkäufer entpuppt. Das Schiff sinkt, doch Feven überlebt die Havarie. Bei einem zweiten Versuch erreicht sie schließlich die Insel Lampedusa. Endlich ist sie frei! Inzwischen lebt und arbeitet sie in Italien.

Autoren

Feven Abreha Tekle ist heute fünfundzwanzig Jahre alt und lebt und arbeitet nach ihrer dramatischen Flucht aus ihrem Heimatland Eritrea in Italien.

Raffaele Masto arbeitet als Journalist seit 1989 für Radio Popolare. Seine Reportagen und Berichte über Politik, Kultur und Gesellschaft im Mittleren Osten, Lateinamerika und vor allem Afrika sind in vielen Ländern der Welt erschienen. Bei Blanvalet auch als Co-Autor von Safiya Husseini: *Ich, Safiya. Verurteilt zum Tod durch Steinigung* (36485).

Feven Abreha Tekle

mit Raffaele Masto

Ich wollte nicht töten!

Die dramatische Flucht einer Soldatin durch Afrika

Aus dem Italienischen
von Julika Betz

blanvalet

Die italienische Originalausgabe erschien 2005 unter dem Titel
»Libera. L'odissea di una donna eritrea in fuga dalla guerra«
bei Sperling & Kupfer Editori, Mailand.

Umwelthinweis:
Alle bedruckten Materialien dieses Taschenbuches
sind chlorfrei und umweltschonend.

1. Auflage
Deutsche Erstausgabe Januar 2007 bei Blanvalet,
einem Unternehmen der Verlagsgruppe
Random House GmbH, München.

Umschlaggestaltung: Design Team München
Umschlagfoto: Stephanie Gengotti
LW · Herstellung: Heidrun Nawrot
Satz: DTP Service Apel, Hannover
Printed in Germany
ISBN: 978-3-442-36458-9

www.blanvalet-verlag.de

Inhaltsverzeichnis

FEVENS FLUCHTWEG

0 N 500 km

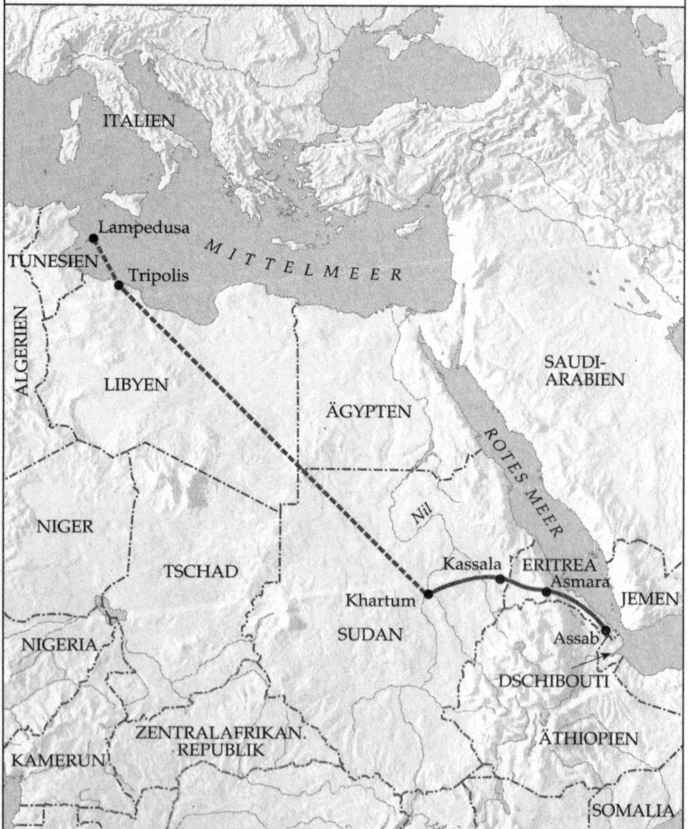

Vorwort

Dieses Buch ist aus meiner alltäglichen Arbeit entstanden. Aus Eritrea, das mir besonders am Herzen liegt, dessen langen Befreiungskampf ich bewundert und mitverfolgt hatte, erreichten mich seit längerem schon unerfreuliche Nachrichten: Verhaftungen von Oppositionellen, Repressalien seitens der Polizei, Pressezensur. Nachrichten, die von zwei unleugbaren Fakten untermauert wurden: Seit 1993, dem Jahr der Unabhängigkeit, waren keine Wahlen mehr durchgeführt worden, und hinzu kam, dass Issayas Afewerki, Staatspräsident Eritreas, es von Anfang an abgelehnt hatte, die mit der Befreiung eingeführte Verfassung umzusetzen.

Daher tat ich das, was in solchen Fällen am natürlichsten erscheint: Ich beantragte im Frühjahr 2004 beim eritreischen Konsulat in Mailand ein Visum, um mir vor Ort ein Bild von der humanitären Situation zu machen. Meine letzte Reise nach Eritrea lag genau vier Jahre zurück. Damals, im Frühjahr 2000, befand sich das Land gerade in einem sinnlosen Krieg mit Äthiopien, in dem es um Besitzansprüche auf einen hoch gelegenen, wenige Quadratkilometer umfassenden, völlig unbrauchbaren, steinigen Streifen Erde längs der gemeinsamen Landesgrenze ging. Ein absurder Krieg, im Laufe dessen ich Zeuge einer Auseinandersetzung wurde, die innerhalb von zwei Jahren rund achtzigtausend junge Menschen das Leben kosten sollte. Mein Begleitschutz vom eritreischen Militär führte mich damals an die vorderste Kriegsfront. Dort waren ganze Ebenen übersät mit Toten; tausende vegetierten unter menschenverachtenden Bedingungen in Schützengräben, die auf der Hochebene ausgehoben worden waren. Bereits damals quälten mich immer wieder dieselben Fragen: Von welcher moralischen Gesinnung muss eine Regierung sein, die ihr Land – und den hoffnungsvollsten Teil seiner Bevölkerung – in ein derartiges Unterfangen hineinzieht? Will sie wirklich das Beste für ihr Volk? Oder geht es allein um den Wunsch nach Machterhaltung?

Nun war der Zeitpunkt gekommen, auf all diese Fragen eine Antwort zu finden, nicht zuletzt weil die schlechten Nachrichten aus Eritrea nicht abzureißen schienen und es vor allem in Italien unmöglich geworden war, den seit zehn Jahren erneut einsetzenden Massenzustrom illegal auf dem Seeweg einwandernder Eritreer noch länger zu übersehen. Tagtäglich luden »schwimmende Wracks« junge Afrikaner an den Küsten Siziliens und Lampedusas ab. Die Schlussfolgerung, dass sich in Eritrea unerfreuliche Dinge abspielten und noch immer abspielen, lag nahe, denn niemand verlässt freiwillig und ohne triftige Gründe seine Familie und durchquert unter Lebensgefahr Afrika und das Mittelmeer.

Also machte ich mich auf die Suche nach jungen illegalen Einwanderern, lernte viele von ihnen kennen und erfuhr ihre grauenvollen Schicksale: wie sie flohen, um der Verhaftung durch eine polizeiliche Massenrazzia oder der Zwangsrekrutierung in militärischen Ausbildungslagern und den damit verbundenen Schikanen und Misshandlungen zu entgehen, möglicherweise auch einem Fronteinsatz im weiterhin schwelenden Konflikt mit Äthiopien oder an der Grenze zum Sudan, wo auf beiden Seiten bereits Truppen stationiert sind. Hinzu kommt, dass es sich bei vielen der Betroffenen um Frauen handelt, denn in Eritrea ist der Militärdienst auch für Frauen Pflicht.

Über diese Geschichten lernte ich auch Feven und ihr Schicksal kennen, das an sich noch nicht einmal zu den schlimmsten gehört. Zuvor hatte mir ein Mädchen weinend von ihrer engsten Freundin erzählt, die mit einer Handgranate unter der Bluse das Zimmer ihres Vorgesetzten betreten hatte, nachdem sie sich nicht länger seinen sexuellen Annäherungen hatte widersetzen können. Im entscheidenden Moment hatte sie die Granate gezündet und damit sich und ihren Peiniger gemeinsam in die Luft gesprengt. Ein anderes Mädchen hatte sich von einem Bekannten schwängern lassen, um so der Einberufung zu entgehen, und sich dabei mit Aids infiziert. Ihre Familie hatte sie daraufhin verstoßen, und so war sie letztendlich doch noch an die Front geschickt worden. Sie war desertiert, außer Landes geflohen und schließlich, nach einer Fahrt durch die Hölle, bereits gezeichnet von der Krankheit, in Italien angekommen.

Grauenvolle Geschichten, vor deren Veröffentlichung die Protagonisten jedoch aus Angst vor möglichen Repressalien gegenüber ihren in Eritrea verbliebenen Angehörigen oder dem Wunsch zu vergessen, zu verdrängen, zurückschreckten. Feven jedoch beendete die Erzählung ihrer Odyssee mit einem Satz, der mich davon überzeugte, dass ich genau ihre Geschichte suchte. Sie sagte, sie wolle, dass alle davon erführen, damit nie wieder jemand all das ertragen müsse, was sie erlitten habe.

So begann unsere Arbeit an diesem Buch. In der Zwischenzeit war mein Antrag auf ein Visum beim eritreischen Konsulat noch immer ohne Antwort geblieben. Ich versuchte mehrere Male, einen Kontakt herzustellen, ohne dass es mir gelang, einen der zuständigen Beamten persönlich zu sprechen. Mittlerweile waren einige Monate vergangen, und ich war der Meinung, dass mir – zumindest aus Respekt vor den diplomatischen Umgangsformen – eine Antwort selbst negativer Art zustünde. Um das Problem von einer anderen Seite anzupacken, gab ich vor, an einem Interview mit dem Konsul interessiert zu sein, wobei mir die Veröffentlichung eines Berichtes von Amnesty International über Eritrea zu Hilfe kam, in dem von schweren Verstößen gegen die Menschenrechte, von Gefangenen ohne Strafprozess, von Folter und Repressalien die Rede war. Es klappte, und so hatte ich am anderen Ende der Leitung plötzlich den Konsul höchstpersönlich, welcher mir erklärte, mein Antrag sei zunächst nach Rom, dann nach Asmara weitergeleitet worden, er könne mir daher keine Auskunft erteilen, wolle sich aber informieren und das Verfahren beschleunigen. Was das Interview betraf, sagte er mir, würde er den Bericht von Amnesty International nicht kennen, er wolle ihn jedoch lesen und mich dann zurückrufen, um einen Termin mit mir zu vereinbaren. Seitdem habe ich nichts mehr von ihm gehört.

Dieses Schweigen bestätigte endgültig meinen Verdacht, dass all die Dinge, die über Eritrea durchsickerten, der Wahrheit entsprachen: Ein Land, das Journalisten fürchtet, hat stets etwas zu verbergen.

Zwischenzeitlich nahm das Buch immer konkretere Formen an. In ihren Berichten klagte Feven nicht nur Eritrea, sondern auch den Sudan, Libyen und vor allem das sich am Menschenschmuggel bereichernde Schleusertum an – ein Geschäft, das mithilfe von Schwarzgeld, oft auch des Goodwill oder des Schweigens von Regierungen oder Institutionen immer weiter expandiert.

Während wir unser Buch schrieben, berichtete die Presse über Einwanderungsabkommen zwischen der italienischen und libyschen Regierung, als fände sich darin die endgültige Lösung des Problems. Gemäß jener Vereinbarungen sollte Libyen die schwimmenden Wracks daran hindern, von ihren heimischen Küsten auszulaufen, und für die Rückführung der Flüchtlinge sorgen. Bei der Umsetzung dieses Abkommens stieß Libyen allerdings auf ein ungeahntes Problem: Aus Angst vor der Rückkehr in die Heimat erzwang eine Gruppe von eritreischen Flüchtlingen, die mit einer Militärmaschine ausgeflogen werden sollte, mit nichts weiter als einem Taschenmesser, einem Dosenöffner und großer Verzweiflung eine Kursänderung nach Khartoum, wo sie schließlich zu fünf Jahren Gefängnis verurteilt wurde.

Von diesen Abkommen spricht heute niemand mehr, aber auf Lampedusa gehen noch immer illegale Einwanderer aus den verschiedensten Ländern Afrikas an Land, und die Einwanderungsdiskussion ist nach wie vor ein entscheidendes Thema. Gleichzeitig ist Italien eines der wenigen Länder der Welt, das Eritrea offen unterstützt und Wirtschaftsabkommen mit der Regierung schließt, ungeachtet der Berichte von Amnesty International, Human Rights Watch und Unicef, die von schweren Vergehen gegen die Menschenrechte zeugen und seine Machthaber auf den Index gesetzt haben – die beste Art und Weise also, dem Flüchtlingsstrom aus Eritrea neuen Zufluss zu verschaffen und damit genau jenes Schleppertum zu fördern, dem man eigentlich ein Ende bereiten wollte.

Für gewöhnlich verdrängen die Flüchtlinge die Erinnerung an ihre qualvolle »Reise in die Hoffnung«, kaum dass sie ihr Ziel erreicht haben, um sich auf den Aufbau einer neuen Zukunft konzentrieren zu können, und so enden all die abenteuerlichen Fluchtbemühungen, die nicht selten einen tödlichen Ausgang nehmen, unter der Willkür skrupelloser Schlepper sowie in einem »schwarzen Loch«, das nie an die Presse oder die Öffentlichkeit gelangt.

Eritrea und Italien sind natürlich nur zwei Beispiele, so wie Fevens Geschichte auch nur eine unter vielen ist. Feven jedoch besaß die Kraft und die Weitsichtigkeit, all das zu erzählen. Gemeinsam mit ihrem Bruder Tesfay hat sie mir gegenüber großes Vertrauen bewiesen. Dafür schulde ich ihr meinen Dank.

RAFFAELE MASTO

Prolog

Frostiger Wind, peitschender Regen, tobendes Meer, Decken und Kleider klitschnass von spritzendem, eisigem Wasser … Der Sturm, das einzige Übel, das uns bisher erspart geblieben war, hatte während der Nacht begonnen und sich bis jetzt, kurz vor Sonnenaufgang, nicht wieder gelegt. Um uns herum nichts als Finsternis. Wie eine Nussschale hüpfte das Fischerboot zwischen den Wellen auf und ab. Jedes Mal wenn sich der Bug des Schiffes aufbäumte, ertönten Schreie, Gebete, Flüche. Die Kinder weinten bereits seit Stunden, und viele Erwachsene stöhnten, geschüttelt von Brechreiz. Wir würden sterben, davon war ich überzeugt. Dieses heruntergekommene Schiff würde plötzlich der Gewalt des Meeres nachgeben und alles in nur wenigen Augenblicken ein Ende finden … Alles. Kälte, Hunger, Durst. Hoffnungen, Wünsche, Träume.

Instinktiv, als könnte sie mir Schutz bieten, presste ich die durchnässte Decke fest an meinen Körper. Ich spürte, dass auch die anderen anfingen zu kapitulieren. Die Schreie wurden gedämpfter, die Stimmen verklangen. Niemand an Bord hatte mehr Kraft, nicht einmal, um seine Wut und Verzweiflung über diese abscheuliche Ungerechtigkeit hinauszuschreien, über die Schlepper, die über unser Schicksal entschieden, die uns alles genommen hatten, was wir besaßen, damit wir dieses schwimmende Wrack besteigen durften.

Das Fischerboot schaukelte sanft hin und her. Das Meer hatte uns eine Pause gegönnt. Wir hatten überlebt, zumindest bis zum nächsten Sturm. In der noch immer tiefschwarzen Nacht atmete ich den beißenden Gestank von Exkrementen, Urin, Erbrochenem und ungewaschenen Körpern, der so intensiv war, dass er selbst den starken, brackigen Geruch des Meeres überdeckte. Ich wollte aufstehen, aber meine Beine gehorchten mir nicht mehr. Seit vier Tagen hatte ich nichts Richtiges gegessen. Angetrieben von einer übermenschlichen Kraft, möglicherweise in dem Bewusstsein, dass wir gerade dabei waren zu resignieren, schüttelte Mansour in einem fort mich, Eden, Alganesh und Michael. »Esst, ihr müsst essen! Jetzt, bevor es Tag wird!« Halb aufgerichtet auf der schmutzigen Brücke, gehorchten wir ihm mühevoll. Nur Michael weigerte sich.

»Ich habe Durst, so schrecklichen Durst. Gebt mir etwas zu trinken! Wo sind wir? Haben wir noch Hoffnung? Ich kann nicht mehr …«

»Tut dir dein Bein weh?«, fragte ich ihn.

»Nein.«

Alganesh, Eden, Mansour und ich tauschten besorgte Blicke. Mit Michael sah es schlimm aus, er brauchte sofortige Hilfe. Aber was konnten wir tun? Absolut nichts, außer an seiner Seite zu bleiben und seinen Durst zu stillen, indem wir auf unser eigenes Wasser verzichteten.

Wir verbrachten den Tag sitzend auf der dreckigen und stinkenden Brücke. Ich erinnerte mich, dass ich irgendwo gelesen hatte, die Schiffe, die vor zweihundert Jahren für den Transport afrikanischer Sklaven nach Amerika benutzt wurden, hätten einen ganz eigenen Gestank angenommen, der sich nicht mehr entfernen ließ und aus einer Entfernung von dutzenden Metern zu riechen war. Auf diesem Fischerboot war es genauso.

Niemand stand mehr auf. Wir warteten auf unser Ende. Menschliche Wesen wie Tiere auf der Schlachtbank, in Erwartung des Gnadenstoßes. Vielleicht sogar glücklich, wie ein Tier zu sterben, um diese Schmach der Beraubung jeglicher Menschenwürde nicht länger ertragen zu müssen.

Mansour nahm irgendwann all seine Kräfte zusammen, um den Kapitän und die Nigerianer zu fragen, wo wir uns befanden. Als er zurückkam, breitete er niedergeschlagen die Arme aus: »Dieses Schiff ist wirklich mit einem Fluch beladen. Der Wind hat uns wieder zurückgetrieben. Wir sind genau an dem Punkt, von dem aus wir gestartet sind.«

Der Abend kam und ein neuer Morgen. Ausgehungert und völlig ermattet blickten wir auf das Meer, ohne es zu sehen. Wir hatten die gesamten Essensvorräte aufgebraucht und die letzte Flasche Wasser für Michael zurückbehalten, der immer schwächer wurde. Peter weinte nicht einmal mehr. Er hatte sich im Schoß von Alganesh zusammengekauert, die ihn traurig und verzagt mit letzter Kraft streichelte. Schicksalsergeben. Sie hatte dieses Schiff bestiegen, um Peter eine Zukunft zu geben, und dann … Ich fühlte mit ihr und begann zu weinen.

1

Eine ganz besondere Familie

FEVEN ist der Name eines kleinen bunt gefiederten Vogels, der in der Hochebene Eritreas, von wo ich stamme, beheimatet ist. Vielleicht haben mich meine Eltern ausgerechnet nach ihm benannt, weil es mir an Freiheit nie fehlte, und heute, im Alter von fünfundzwanzig Jahren, denke ich, sie hätten mir keinen schicksalsträchtigeren Namen auswählen können. Ich bin frei, auch wenn ich dafür einen hohen Preis zahlen musste: zwei leidvolle Jahre meines Lebens auf der Flucht. Zu der Zeit, als ich diese Entscheidung traf, hatte ich keine andere Wahl. Mit zwanzig sollte man das Recht haben, hoffnungsvoll in die Zukunft blicken zu dürfen, aber das aktuelle Eritrea spricht genau dies seinen Söhnen und Töchtern ab.

Blicke ich zurück, überkommt mich Bitterkeit. Ich war noch ein Kind, als mein Volk den glorreichen Kampf um die Freiheit führte – und heute? Was ist davon geblieben? Was ist aus dem Traum eines Volkes geworden?

Die Bedeutung dieses Kampfes spürten wir alle, auch wir Kinder. An der Front wurde gekämpft, und jeder Sieg der Guerilla löste Freudentaumel und Ergriffenheit aus, entfachte neu den Glauben an die Zukunft, rechtfertigte jedes Opfer. Meine Eltern sprachen wenig darüber, aber die Hoffnung war aus ihren Blicken herauszulesen. Erreichten uns während des Tages gute Nachrichten von der Front, schienen die Abende zu

Hause noch schöner zu sein: Wir waren ausgelassener Stimmung, mein Vater zeigte sich weniger streng und konnte sogar über die Albernheiten von mir und meinen Brüdern lächeln. Und meine Mutter? Ich liebte sie ganz besonders in diesen Momenten. Das Glück ließ ihr weiches, vom weißen *nezelà* – dem traditionellen langen Kopftuch der erwachsenen eritreischen Frauen – umrahmtes Gesicht erstrahlen. Wir waren so glücklich wie am Vorabend eines Festtages, denn man kämpfte für unsere Zukunft als freie Menschen.

Damals konnte sich niemand vorstellen, dass wir nur kurze Zeit in den Genuss dieser Freiheit kommen würden, bevor alles wieder von vorne beginnen sollte, ja sogar noch schlimmer wurde, sodass viele junge Menschen zum Fortgehen gezwungen wurden. Dies ist meine Geschichte. Sie könnte aber ebenso gut die Geschichte eines jeden freiheitsliebenden eritreischen Jugendlichen sein.

Ich wurde in Asmara geboren. Dank der Arbeit meines Vaters führten wir ein recht sorgloses Leben, auch wenn wir eine vielköpfige Familie waren: Neben mir, meinem Vater Abreha und meiner Mutter Alganesh wohnten in unserem Haus noch meine Brüder Daniel, Tesfay, Biniam, Tedros und Esayas, das Nesthäkchen, sowie meine Schwestern Eden und Semhar.

Denke ich an meine Kindheit zurück, taucht in meiner Erinnerung als Erstes das Bild meiner Mutter auf, wie sie in der Küchenecke steht und in der heißen Pfanne *injera*, eritreisches Brot, backt. Sie arbeitete mit flinken, geschickten Bewegungen, und ich betrachtete fasziniert ihre knochigen, geröteten und dennoch schönen

Hände mit ihren langen, feingliedrigen Fingern. Auch wenn sie eher eine schweigsame Frau war, umgab meine Mutter doch immer etwas Heiteres und Versöhnliches. Trafen sich unsere Blicke, kräuselten sich ihre Lippen zu einem Lächeln, das mein Herz mit solcher Freude erfüllte, als überreiche sie mir ein Geschenk von unschätzbarem Wert. Auch mein Vater betrachtete sie hingerissen, und in seinem nahezu entrückten Blick konnte man die Liebe erahnen, welche die beiden verband. Ich war überzeugt davon, dass die beiden, die ihr Leben lang unter einem gemeinsamen Dach gelebt hatten, auch gemeinsam auf die Welt gekommen waren. Wenn es etwas Ewiges gab, das über Vergangenheit und Zukunft hinaus währte, waren sie es.

In meinen Kinderaugen verkörperte mein Vater die Sicherheit. Er war ein Mann von kräftiger Statur, immer äußerst beherrscht. Nie wirkte er bekümmert, und ich erinnere mich nicht, sein Gesicht jemals erregt oder erzürnt gesehen zu haben, selbst dann nicht, wenn er uns rügte. Ich weiß noch, wie sehr uns bei diesen Anlässen der besondere, trockene und fast ausdruckslose Klang seiner Stimme einschüchterte: Sprach er in diesem Tonfall mit uns, war Widerspruch, selbst seitens meiner älteren Brüder, von vornherein zwecklos. Dennoch drückten seine Augen, selbst in Momenten größter Anspannung, all seine Herzensgüte aus.

Während meiner Kindheit in Asmara stellten die Sonntage immer ein Ereignis besonderer Art dar, denn mein Vater nahm mich und Esayas mit auf einen Spaziergang auf der Straße der Befreiung im Zentrum. Papa grüßte alle und überwachte gleichzeitig uns Kinder beim Hüpfen und Spielen auf dem Gehweg. Ich machte mir einen Spaß daraus, vor ihm herzugehen und plötzlich abrupt stehen zu bleiben, um ihn aus dem Schritt zu bringen. Anstatt sich zu ärgern, strich er zärtlich über meinen Haarschopf.

Kamen wir zur katholischen Kathedrale, wurden Esayas und ich ruhiger. Der Vorplatz zur Kathedrale ist der wichtigste Treffpunkt Asmaras, hier fängt man den Puls der Stadt, ihr Leben, ihre Stimmung ein.

Auf dem Vorplatz nahm uns mein Vater wieder an die Hand, um so ungestörter die Menschen betrachten zu können, die vor dem massiven, hölzernen Eingangstor der Kirche oder am Fuß der Steinstufen Halt machten. Oft erkannten wir in der Menge einen unserer Brüder, meistens meinen neun Jahre älteren Lieblingsbruder Tesfay. Mir gefiel seine Lebensweise: immer euphorisch, hyperaktiv, ständig auf der Suche nach neuen Geschäften.

Schon als Kind hatte Tesfay kaufmännisches Gespür besessen, und traf man ihn vor der Kathedrale, konnte das nur bedeuten, dass er auf einen Käufer oder einen Verkäufer wartete. Ich erinnere mich, dass er alles Mögliche verkaufte und tauschte, selbst die kleinen Geschenke unseres Vaters. Oft verzichtete er tagelang darauf, mit seinen Freunden zu spielen, um an etwas zu basteln – einem Spielzeug, einem Bogen oder einer Schleuder –, das er anschließend verkaufte. Und ich konnte sicher sein, dass er bei jedem Gewinn auch an mich dachte. Wieder zu Hause, bat er mich abends von Zeit zu Zeit, ihn am nächsten Morgen außerhalb der Stadt zu begleiten, um Orangen zu kaufen. Tesfay wusste, wie er mich begeistern konnte, und über diese Ausflüge sprach er wie über eine geheime Mission, von der kein anderes Familienmitglied erfahren durfte, selbst wenn uns niemand davon abgehalten hätte. Es ging um das Geheimnisvolle, das Kinder so sehr fasziniert. Aber es gab auch einen anderen Grund, warum mich Tesfay mitnahm: Er wusste, wie gern ich Orangen aß, auf jene Art, wie man sie bei uns isst: indem man sie zur Hälfte teilt und anschließend Zähne und Lippen in das süße Fruchtfleisch gräbt.

Während dieser Ausflüge aufs Land saßen Tesfay und ich stundenlang im Schatten eines Baumes, auch wenn auf der eritreischen Hochebene in etwa zweitausend Metern Höhe die glühende Hitze der äquatorialen Sonne stets von einer frischen Brise gemildert wurde. Von dort blickten wir in die Ferne, fast immer schweigend, wiesen uns gegenseitig mit Gesten auf ein wildes Tier oder auf das Auto eines Bekannten hin, das auf der Serpentinenstraße unterwegs in Richtung Massawa war. Massawa, jene Stadt mit dem größten Hafen Eritreas, die Tesfay ganz besonders anzog. Auf ihren Schiffen hatte er sich seine Zukunft ausgemalt, tausende Pläne erdacht, so fantasievoll, wie nur ein unternehmungslustiger Junge sie schmieden kann, der gerade dem Kindesalter entwachsen ist. Sein größter Wunsch bestand darin, einen Lastwagen mit Waren und Produkten der Hochebene zu füllen, damit bis an die Küste zu fahren und sie dort zu verkaufen, vielleicht sogar an die Besatzung eines der vielen arabischen oder indischen Handelsschiffe, die in Massawa anlegten. Zu einer anderen Gelegenheit wiederum malte er sich aus, wie er auf einem der reich beladenen Frachtschiffe anheuern würde, deren Waren zum Verkauf oder zum Tausch gegen Produkte aus Indien oder Saudi-Arabien bestimmt waren. Er sah sich bereits als Besitzer von großen Lagerhallen und zahlreichen Lastwagen, träumte von langen Reisen und wichtigen Geschäften im Ausland.

Mehr als seine Schilderungen waren es seine abschließenden Versprechen, die auch mich ansteckten und zum Träumen brachten: »Und du kommst mit, Feven. Du wirst immer bei mir sein.« So malten wir uns gemeinsam die Zukunft aus, bis es Zeit war, nach Hause zu gehen. Es genügte ein Blick, ein Zeichen. Tesfay erhob sich, reichte mir seine Hand, und gemeinsam spazierten wir in Richtung Asmara. Auf Tesfays Gesicht kehrte mit einem Schlag der ernsthafte und besonnene Ausdruck eines zuverlässigen Jungen zurück, der sich respektvoll gegenüber seinen Verpflichtungen, seiner Familie und seiner eigenen Rolle zeigt. Zu Hause wussten natürlich alle, wo wir gewesen waren, aber um uns nicht den Spaß am Geheimnis zu verderben, sagte niemand etwas.

Wie Tesfay konnten alle meine Brüder ihren Beruf frei wählen, ohne Zwang seitens unserer Eltern. Auch meine Schwestern Eden und Semhar, die schon bald nach Äthiopien gezogen war, richteten sich ihr Leben nach ihren eigenen Vorstellungen ein.

Vielleicht ist es genau diese Entscheidungsfreiheit, die den Zusammenhalt unserer Familie gefördert hat. Wir alle haben die Familie stets als Raum empfunden, in dem Verständnis, Toleranz und Solidarität herrschten und nicht Verbot oder Zwang.

Das traf auch auf den religiösen Bereich zu: Die Eritreer der Hochebene sind vorwiegend christliche Kopten, meine Familienmitglieder waren jedoch alle mit Ausnahme meines Vaters unter dem Einfluss der Geistlichen der katholischen Kathedrale zum Katholizismus konvertiert. Natürlich wurde zu Hause darüber diskutiert, auch sehr lebhaft, jedoch ohne gebieterischen Ton und in erster Linie, um Meinungen auszutauschen.

Von klein auf mit dem katholischen Glauben aufgewachsen, besuchte ich schon bald regelmäßig die Kathedrale und lernte dort viele Gleichaltrige kennen, mit denen ich viel Zeit verbrachte. Damals konnte sich niemand von uns vorstellen, dass unsere Gespräche schon bald um ein anderes Thema kreisen würden: die ungewisse Zukunft, die uns erwartete, und die Entscheidungen, die getroffen werden mussten. Bleiben oder fliehen. Für immer.

2

Krieg

Ich verbrachte eine glückliche Kindheit in Asmara, auch wenn der Krieg alle Bereiche unseres alltäglichen Lebens bestimmte. Während dieser langen, von regelmäßigen Zwangsrekrutierungen geprägten Jahre stellten sich meine Brüder immer als zu jung oder zu alt heraus, von den nationalen Streitkräften zum Kampf eingezogen zu werden, und es war praktisch unmöglich, die Hauptstadt zu verlassen, um sich den Guerillakämpfern anzuschließen. So wurde niemand aus unserer Familie an die Front geschickt, und das Leben in Asmara ermöglichte uns, die ganze Zeit über – oder doch zumindest bis zur Endphase – Abstand zu dem herrschenden Konflikt zu wahren. Dennoch blieben wir von den Folgen des Krieges nicht verschont, denn während dieser Jahre ereigneten sich zwei Vorfälle, die ihn unmittelbar spürbar werden ließen.

Das erste Ereignis reicht in die Zeit zurück, als ich gerade sechs Jahre alt war. Es war ein besonders strahlender Morgen, und ich war glücklich und aufgeregt, denn ich sollte endlich die Schule besuchen dürfen. Ich machte mich gerade fertig, als Tante Sara, eine Schwester meiner Mutter, schluchzend ins Haus gestürzt kam. Ich erstarrte. Noch nie hatte ich jemanden so erschüttert gesehen. Ohne in ihrem Weinen innezuhalten, schrie sie immer wieder den Namen unseres Cousins Michael, ihres jüngsten, erst neunzehnjährigen Sohnes.

Vor zwei Jahren hatte dieser beschlossen, sich den Guerillakämpfern der Volksfront anzuschließen, um an ihrer Seite gegen Menghistu zu kämpfen. Seit Monaten hatte niemand mehr etwas von ihm gehört, und auch zuvor hatten uns immer nur bruchstückhafte Neuigkeiten oder ein Brief erreicht, der eiligst von Hand zu Hand weitergereicht worden war, bevor er durch einen nach Asmara heimkehrenden Bekannten endlich bei seinem Empfänger ankam; manchmal wurde auch eine mündliche Nachricht übermittelt. Sicher war, dass sich Michael in Nakfa aufhielt, ein in den Bergen verstecktes Labyrinth von Höhlen, das zum Stützpunkt der Volksfront geworden war und ununterbrochen durch Flugzeuge des Diktators bombardiert wurde. Michaels Aufgabe bestand darin, zusammen mit anderen Guerillas diese strategische Stellung zu verteidigen. Für Tante Sara war Michael zum Lieblingssohn geworden, der eine mutige, ja fast heldenhafte Entscheidung getroffen hatte, welche die ganze Familie stolz machte.

An diesem Morgen jedoch konnte man den Grund ihrer Verzweiflung leider allzu leicht erraten: Michael war im Krieg getötet worden. Die ganze Familie umringte meine unaufhörlich schluchzende Tante, aber niemand fand passende tröstende Worte für sie. Meine Mutter stand vor ihr und umfasste mit den Händen ihre Schultern. Ich hielt mich etwas abseits und bekam zum ersten Mal eine Ahnung vom Tod.

Ich dachte an Michael, einen heiteren, stets vergnügten Jungen, der immer, wenn wir uns trafen, so tat, als wolle er mich packen und verprügeln. Nun war Michael nicht mehr da, auch wenn mir das völlig unmöglich schien. Ich sagte mir, mein Vater würde bald kommen und etwas tun – alle beschwichtigen und Tante Sara gut zureden. Oder statt meines Vaters käme Tesfay und lenkte alle mit den Erzählungen über seine Geschäfte ab, auch Tante Sara.

Mein Vater und Tesfay kamen tatsächlich, aber mit großem Erstaunen sah ich, wie auch sie in den allgemeinen Schmerz einstimmten. Tesfay in Tränen zu sehen bestürzte mich so sehr, dass auch ich zu weinen begann.

Der zweite Vorfall, der mich den Krieg am eigenen Leib spüren ließ, ereignete sich einige Jahre später, als die Guerilla bereits Asmara erreicht hatte. Um ihren Vorstoß zu verhindern, bombardierte Diktator Menghistu aus der Luft die Gegend um das bewohnte Zentrum, und oft versuchten die Guerillakämpfer, im Gegenzug die Kasernen der Armee durch ihre Artillerie zu zerstören.

Eines Sonntagmorgens machte sich mein Vater gerade zum Ausgehen fertig, und auch ich wollte meine Freunde bei der Kathedrale treffen, als eine Bombe genau neben unserem Haus einschlug. Die Mauern erzitterten, die Töpfe über dem Herd fielen von ihren Haken, und wir alle erstarrten einen Moment lang vor Angst. Dann lief meine Mutter auf Esayas zu, der zu weinen begonnen hatte.

Mein Vater ging hinaus, um nachzusehen, was passiert war, und genau in dem Moment, in dem er wieder in der Tür erschien, wurde unser Haus von einer zweiten Explosion erschüttert, dieses Mal gefolgt von Schreien und Getöse und einem allgemeinen Durcheinander. Papa kam herein, rief uns zusammen und befahl uns, in eine Art externen, unterirdischen Lagerraum hinabzusteigen, den wir für Lebensmittel und

Gerätschaften nutzten. Dann ging er ein weiteres Mal hinaus, und als er zurückkehrte, war er in Begleitung von sechs Personen, zwei Frauen mit zwei Kindern und zwei Männern, die ich alle nicht kannte. Die Bomben hatten sie weit weg von ihren Wohnungen überrascht, und mein Vater hatte sie eingeladen, zu uns zu kommen, da sie nicht wussten, wo sie Schutz suchen sollten.

Aus unserem Schlupfwinkel konnten wir deutlich zahlreiche weitere Explosionen hören. Jedes Mal drängten wir uns dicht aneinander; die Kinder weinten, und die Frauen, ich eingeschlossen, versuchten, sie zu beruhigen. Das Lager war sehr eng und so niedrig, dass wir nicht aufrecht stehen konnten, und so blieben wir einige Stunden auf dem Boden sitzen, auch dann noch, als die Explosionen bereits aufgehört hatten. Erst bei Sonnenuntergang fanden wir, noch immer zitternd, den Mut herauszukriechen. Die sechs Personen, denen wir Unterschlupf gewährt hatten, verabschiedeten sich mit tausenden von Dankesbezeugungen bei meinem Vater, und wir kehrten ins Haus zurück.

Zum Glück hatten wir keine materiellen Schäden erlitten, und so machte sich meine Mutter, nachdem sie sich zuvor vergewissert hatte, dass auch unsere Nachbarn unversehrt geblieben waren, an die Vorbereitungen für das Abendessen. An diesem Abend sprach mein Vater lange mit anderen Familienoberhäuptern, die sich in unserem Haus versammelt hatten. Ich kümmerte mich um den kleinen Esayas, versuchte, ihn auf alle mögliche Weise zu unterhalten, damit er sich von seinem Schrecken erholen konnte.

3

Hoffnungen und Enttäuschungen

Ab einem bestimmten Zeitpunkt breiteten sich die kriegerischen Auseinandersetzungen zwischen Regierungstruppen und Guerilla bis nach Asmara aus. Der Ausnahmezustand dauerte allerdings nur wenige Wochen, bis die Rebellen schließlich unter Jubelgeschrei in die Stadt einmarschierten.

Nachdem sich mein Vater vergewissert hatte, dass die Kampfhandlungen beendet waren und keine Gefahr mehr bestand, nahm er mich und Esayas mit auf die Straße der Befreiung, um der Parade der Sieger beizuwohnen. Unter den Einwohnern Asmaras herrschte Freudentaumel, vor allem bei Tesfay, der inzwischen das Alter erreicht hatte, in dem es galt, über das eigene Leben zu entscheiden. Während der letzten Phase der Diktatur hatte ich ihn immer verschlossener erlebt, und ich glaubte zu wissen, warum: Ihm war klar geworden, dass er seine Pläne auf Grund des Krieges und der Unterdrückung des Regimes nicht würde verwirklichen können. Nun würde sich mit dem Sieg der Befreiungsfront alles ändern, jeder Eritreer würde ab nun seinen Traum verfolgen und in die Dienste des Landes stellen können.

Tesfay hatte begriffen, dass für ihn der passende Moment gekommen war: Er sprach ununterbrochen von Geschäften, von Reisen, vom Import in Eritrea völlig unbekannter Waren, die sich niemand leisten konnte.

Schon bald war in seinen Reden allerdings immer öfter die Sprache von einem bevorstehenden Umzug ins Ausland. Tesfay war nicht der Typ, der es bei Ideen beließ, und innerhalb weniger Monate war er nach Addis Abeba aufgebrochen. Für mich war dies ein schwerer Schlag, denn er war mein Lieblingsbruder. Jedes Mal wenn er innerhalb der Familie von seinem Vorhaben gesprochen hatte, hatte ich nur mühsam meine Tränen zurückhalten können, fühlte mich gedemütigt, denn zum ersten Mal war ich nicht Teil seines Plans. Würde er wirklich alleine fortgehen, nach all seinen Versprechen, wir würden uns niemals trennen? Ich konnte es nicht glauben.

Tesfay kannte mich jedoch gut, und eines Tages, kurz vor seiner Abreise, bat er mich, den Vormittag gemeinsam mit ihm zu verbringen. Er sprach lange, mit jenem warmherzigen, ansteckenden Lächeln, das ich so liebe. Er sagte mir, er habe bereits an alles gedacht, er wolle eine Import-Export-Firma mit Sitz in Asmara, Addis Abeba und Deutschland gründen und würde in Zukunft eine Sekretärin benötigen, auf die er sich blind verlassen könne: Für diese Aufgabe hatte er mich vorgesehen. In der Zwischenzeit, so erklärte er mir, solle ich meine Ausbildung beenden und mich auf die anspruchsvolle Arbeit an seiner Seite vorbereiten. Dann, plötzlich, verfinsterte sich seine Miene, und er bemerkte: »Schwesterchen, ich hoffe wirklich, dass du mich nicht verlässt, denn ohne dich wüsste ich nicht, wie ich das alles hinkriegen sollte.«

Den Hals zugeschnürt vor Ergriffenheit, hatte ich ihm aufgeregt zitternd zugehört, ohne selbst ein Wort herauszubringen. Bei seinem letzten Satz brach ich in heftiges Schluchzen aus und schlang meine Arme um seinen Hals. Tesfay wiederholte, ich sei sein Trumpf, bei jeder wichtigen Entscheidung würde er mich um Rat fragen und von meinem durch gewissenhaftes Lernen erlangten Wissen profitieren. Nachdem ich zu weinen aufgehört hatte, verloren wir uns, wie so oft, in unseren Fantasien, in denen wir uns Situationen, Reisen, Erfolge ausmalten. Tesfay beharrte darauf, viele gemeinsame Reisen zu unternehmen, um neue Handelswaren zu akquirieren, und wir sahen uns bereits mit seltenen, wertvollen Produkten beladen nach Hause zurückkehren, die wir unseren Eltern, Brüdern und Nachbarn schenken würden. Bis zu einem Abschluss an der Sekretärinnenschule blieben noch vier Jahre, eine Ewigkeit, doch in jenem Moment schwor ich mir, die beste Schülerin und der Stolz meiner Eltern zu werden.

Bevor mich Tesfay an jenem Tag an die Hand nahm und zurück nach Hause führte, entlockte er mir ein Versprechen: »Schwesterchen, du wirst doch nicht weinen, wenn ich fortgehe, oder? Auch ich werde versuchen, meine Gefühle im Zaum zu halten. Wenn wir das schaffen, bringt das unserem Unternehmen Glück.« Auch wenn mir bereits beim bloßen Gedanken, ihm Lebewohl sagen zu müssen, erneut die Tränen kamen, blickte ich ihm fest in die Augen und nickte voller Überzeugung.

Einige Tage später brach Tesfay auf. Ich war die Letzte der Familie, die ihn umarmte, dann warf er seinen Reisebeutel über die Schulter und stieg in einen der blauen Busse der eritreischen Verkehrsbetriebe, der ihn bis zur Grenze nach Senafè bringen würde und anschließend weiter auf die äthiopische Hochebene bis nach Addis Abeba. Mit ganzer Kraft versuchte ich, meine Tränen zu unterdrücken, und ich schaffte es, auch wenn ich mich fühlte, als müsse ich daran ersticken. Tesfay stand im überfüllten Bus mitten im Gedränge, weit weg vom Fenster, und es war schwer, ihn nicht aus dem Blick zu verlieren. Während sich der Bus in Bewegung setzte, blickte Tesfay mit schmerzverzerrtem Gesicht zu mir und hielt seine Faust, den Daumen nach oben gestreckt, in meine Richtung, um mir zu verstehen zu geben: »Gut gemacht! Wir haben es geschafft, nicht zu weinen!« Dieses Bild prägte sich mir ein, und in den darauf folgenden Jahren würde ich es mir in den schlimmsten Momenten als Trost immer wieder in Erinnerung rufen.

Das Leben in Asmara nahm auch ohne Tesfay seinen Lauf. Jene Zeit war geprägt vom Wiederaufleben neuer Projekte, Ideen, Initiativen. In der Stadt herrschte eine Art allgemeine Euphorie, belebt von dem Stolz, Eritreer zu sein, einen Diktator in die Flucht geschlagen zu haben und endlich, nach Jahren des Bürgerkriegs, frei über unsere Zukunft entscheiden zu können. Eritrea konnte und sollte ein Beispiel für ganz Afrika sein, davon waren wir überzeugt.

Zu tausenden kehrte jener Teil der Bevölkerung, der während des Krieges emigriert war, in die Heimat zurück, um zur Zukunft des Landes beizutragen. Familien, die sich jahrelang nicht gesehen hatten, wurden wieder zusammengeführt. Mithilfe eines Referendums sprach sich die Bevölkerung zu den politischen Alternativen des Landes aus: eine Provinz Äthiopiens zu bleiben oder sich unabhängig zu erklären.

Jahrzehntelang hatten wir um dieses Ziel gekämpft, und eine überwältigende Mehrheit der Stimmen sprach sich für eine Loslösung von Äthiopien aus. So wurde Eritrea der dreiundfünfzigste souveräne Staat Afrikas. Tagelang wurde dieses Ereignis gefeiert, und in Asmara wie auch in allen anderen Städten fanden Feierlichkeiten mit politischen Versammlungen, Musik und Tanz statt.

In diesen Tagen dachte ich oft an Michael, den Sohn von Tante Sara, der für die Verwirklichung dieses Traumes gestorben war. Meine Tante hatte während dieser Tage des Jubelns und Feierns eine Fotografie von ihm auf die Fensterbank gestellt. Sie war stolz, dass das Opfer ihres geliebten Sohnes dazu beigetragen hatte, die Hoffnungen des Volkes auf eine bessere Zukunft zu realisieren, aber dennoch wirkte sie traurig, und mein Herz füllte sich mit Schmerz und Kummer.

Nach dem Referendum kam der Moment, in dem es galt, jene Vorhaben zu verwirklichen, welche den jahrelangen Kampf genährt hatten. War die Siegesfreude erst einmal verflogen, wurde nach und nach deutlich, dass uns enorme Schwierigkeiten erwarteten. Anstelle des anfänglichen Optimismus traten nun die Zweifel. Ich war noch im Jugendlichenalter, und mehr als dass ich wirklich verstand, was vor sich ging, spürte ich es aus den Bemerkungen meiner Eltern und den Gesprächen meiner älteren Brüder heraus. Alle – einige mehr, einige weniger – hatten die großen Hoffnungen der letzten Jahre aufgegeben.

Unser Leben war erneut schwierig geworden und unsere Zukunft ungewiss und beängstigend.

Die Politiker, die Machthaber der neuen Regierung –

jene Idole, die uns einst in den Freiheitskampf geführt hatten –, riefen nun zur Geduld auf und wälzten jegliche Verantwortung auf äußere Umstände ab: die Dürre, den Preisanstieg der importierten Ware, die Widersacher des Volkes und die Feindseligkeiten seitens der Nachbarländer. Was sie hingegen vor uns vertuschten, selbst wenn es immer deutlicher zu Tage trat, waren die extremen Divergenzen in ihren eigenen Reihen – den gleichen Regierungskräften, die früher einen Einheitsblock um den Präsidenten gebildet hatten.

Kamen Bekannte, um meinen Vater zu besuchen, sprachen sie mit gedämpften Stimmen und finsteren Blickes über nichts anderes. Es war herauszuspüren, dass das Misstrauen mit der Unzufriedenheit immer weiter wuchs, denn der Präsident und seine Entourage wollten von einer Umsetzung der neuen Verfassung, in der ein parlamentarischer Pluralismus festgeschrieben war, nichts wissen. Dennoch schien es meinem Vater und seinen Freunden zu widerstreben, die neue Regierung offen zu kritisieren – nicht so sehr aus Furcht vor Repressalien, sondern vielmehr, weil sie an diese Männer geglaubt hatten.

Mitte der Neunzigerjahre hatte ich die Oberschule fast beendet. Es war an der Zeit, meine Zukunft zu planen, und das Klima der Unterdrückung, das unser Leben prägte, ermutigte mich dazu, dem Beispiel Tesfays zu folgen.

Mein Bruder hatte sich in in Addis Abeba, der Hauptstadt Äthopiens niedergelassen, von wo er uns regelmäßig anrief. Bei jedem Gespräch fragte er mich, wie es mit meinen Studien voranginge, was ich vorhabe, und es schien mir, als wolle er mich damit an das Versprechen erinnern, ihm zu folgen, um mit ihm gemeinsam zu arbeiten. Ich hatte bisher mit niemandem darüber gesprochen, weder mit meiner Familie noch mit Freunden, aber ich hatte meinen Entschluss gefasst: Ich würde Eritrea so bald als möglich verlassen.

4

Ich wollte nicht töten

Am Ende meiner Schulzeit zählte ich zum großen Stolz meiner Lehrer und Eltern zu den besten Absolventen.

Ich spürte die Besorgnis meines Vater und meiner Mutter, was meine unmittelbare Zukunft betraf: Sie wollten das Beste für mich und begriffen, dass das damalige Eritrea mir keinerlei Möglichkeiten dazu bieten würde, aber der Gedanke, auch ich könnte fortgehen, bekümmerte und bedrückte sie, obwohl sie ihr Unbehagen nie laut äußerten. Hinzu kam für mich eine weitere Bedrohung: der Militärdienst, der in Eritrea auch für Frauen Pflicht war. Im Falle einer Einberufung würde ich Monate in einer Kaserne, eingezwängt im Frauentrakt, verbringen müssen. Eine absolute Zeitverschwendung angesichts der Tatsache, dass ich nicht das geringste Interesse an einer Militärkarriere oder einer Laufbahn in der staatlichen Verwaltung besaß, wo jegliche Art von Selbstbestimmung bereits im Keim erstickt wurde. Ich konnte nicht einmal den Enthusiasmus jener teilen, die vorgaben, dieser Dienst am Land sei durchaus von Nutzen, denn man erlerne den Umgang mit Waffen und das Lenken eines Militärlastwagens. Bereits damals verspürte ich gegenüber autoritären und überheblichen Personen einen tiefen Abscheu, nicht zuletzt weil wir zu Hause zu Toleranz, Dialog und gegenseitigem Respekt erzogen worden waren.

Der Entschluss fortzugehen, drängte sich so mit jedem neuen Tag mehr auf. Doch wie ließe er sich verwirklichen? Ich hätte gerne mit meinen Eltern darüber gesprochen, wollte aber vorher bereits über konkrete Einzelheiten, wenn möglich sogar über einen realisierbaren Plan verfügen.

An manchen Tagen wollte es mir nicht gelingen, an etwas anderes zu denken, und abends im Bett, vor dem Einschlafen, spann ich Pläne, einige undurchführbar und utopisch, andere schon konkreter. Ab und an ließ ich meiner Fantasie freien Lauf und sah mich bereits im Ausland, gemeinsam mit Tesfay, bei der Arbeit in unserer Import-Export-Firma. Andere Male wiederum träumte ich von dem Augenblick, in dem ich ihn wieder in meine Arme schließen würde, malte mir unsere erste Begegnung, unsere erste Umarmung nach der langen Trennung aus, und mir schien, als könnte ich seine Stimme hören: »Schwesterchen, endlich bist du da. Nun ist unsere Firma also komplett«, oder: »Auf dich wartet eine Menge Arbeit, ohne dich habe ich das alles einfach nicht geschafft; ich wusste, du würdest mich nicht im Stich lassen.« Dann schlief ich ein und träumte noch einmal die gleichen Szenen. Die Flucht aus Eritrea bestimmte mittlerweile mein ganzes Denken.

Auch während meiner Schulzeit war ich eine eifrige Besucherin der katholischen Kathedrale gewesen und hatte dort viele Freundschaften geknüpft oder gefestigt. Wir waren ein gut eingespieltes Team, das sich an den zahlreichen Projekten der Pfarrgemeinde beteiligte und nach der Befreiung mit dem unverwechselbaren Optimismus der Jugend lebhaft über Ideale und Hoffnungen diskutierte. Das Problem des Militärdienstes war ein regelmäßig wiederkehrendes Thema unserer Gespräche:

Einige von uns sahen in ihm einen lästigen Einschub, den es wohl oder übel zu akzeptieren galt, andere dagegen als Gelegenheit, eine Tätigkeit zu erproben, durch die sich anschließend eine Arbeitsstelle ergeben könnte.

Ich sah das anders, für mich war der Militärdienst nichts weiter als eine unnütze Unterbrechung des eigentlichen Lebens. Gewiss, die Verteidigung des Vaterlandes war eine Pflicht aller Bürger, aber welches Vaterland sollten wir verteidigen? Jenes der Politiker, die uns nach all den Versprechungen, all den Opfern und all den Toten im Befreiungskampf leer ausgehen ließen? Das Vaterland eines Präsidenten, der sich gerade geweigert hatte, Vertreter der vielen Kriegsversehrten zu empfangen, die vom Staat nichts als eine Rente oder eine Entschädigung einforderten? Das Vaterland des Gouverneurs von Gash Barka, einer Region der Tiefebene, welcher die Hilferufe der unter einer schweren Dürre leidenden Bevölkerung (unter ihnen auch meine Verwandten) einfach ignorierte? Ein so egoistisches und gleichgültiges Vaterland sollte auch noch Anspruch auf einen Teil meines Lebens geltend machen? Nein, es würde nichts von mir bekommen.

Keiner meiner Freunde verstand meine Wut. Salam, Anna, Nardos, Genneth, Michael und Sara beklagten sich zwar über den bevorstehenden Militärdienst, aber ich begriff, dass sie sich inzwischen mit der Tatsache abgefunden hatten. Ich fühlte mich alleingelassen, und das machte mich traurig.

An einem Sonntag veränderte sich alles schlagartig. Ich befand mich im Innenhof der Kathedrale, zusammen mit Sara, einer meiner liebsten Freundinnen. Sie war einige Wochen älter als ich, und wir hatten zusammen die gleiche Schule besucht, wenn auch in verschiedenen Klassen. Von der Pfarrgemeinde war uns die Organisation eines Ausflugs für den kommenden Sonntag übertragen worden, und wir hatten uns hier verabredet, um ein Programm zu entwerfen, bevor die anderen zu uns stoßen würden.

Mir fiel sofort auf, dass Sara nervös und abwesend wirkte. Eigenartig, dachte ich bei mir, denn für gewöhnlich war sie gesprächig, ausgelassen und stets aufgeschlossen. Saras Miene blieb unverändert, selbst als wir über den Ausflug zu sprechen begannen. Sie war ein hübsches Mädchen: hoch aufgeschossen, schlank, mit geschwungenen, weichen Gesichtszügen und Zöpfchen, die sie fröhlich und keck aussehen ließen. Sie so verschlossen und schweigsam zu sehen tat mir weh. Während ich sie musterte, brach sie plötzlich in Tränen aus, noch bevor ich sie fragen konnte, was sie bedrückte.

Ich schloss sie in die Arme, ließ ihr Zeit, ihrem Herzen Luft zu machen. Unter Schluchzen hörte ich sie sagen: »Feven, ich will nicht zum Militär. Ich will nicht. Ich halte es nicht aus, mich in einer Kaserne den Befehlen von Offizieren unterzuordnen, die vielleicht die gleichen sind, die das Kommando über meinen Bruder hatten, der im Befreiungskrieg gefallen ist. Ich schaffe das nicht.« Einer von Saras Brüdern war während des Befreiungskrieges getötet worden und mit ihm einer ihrer Cousins. Das Ganze lag schon eine Weile zurück, wir waren damals noch sehr klein gewesen, aber der Vorfall hatte sie traumatisiert.

»Na komm, vielleicht passiert ja gar nichts. Du und ich, wir sind fast gleich alt, oder nicht? Und ich habe bis jetzt noch keinen Einberufungsbefehl erhalten!«

»Ich aber, gestern«, erwiderte sie und brach erneut in Schluchzen aus. »Nächste Woche muss ich mich in der Militärbasis von Asmara melden.«

Ich erstarrte. Auch ich konnte jeden Moment einberufen werden …

Während ich versuchte, meine Tränen zurückzuhalten, um Sara nicht noch mehr aufzuwühlen, gestand ich ihr, dass auch ich nicht die Absicht hatte, den Militärdienst anzutreten. Wir trösteten uns gegenseitig und gaben einander das Versprechen, dass wir fliehen, unser Land verlassen würden. Gemeinsam beschlossen wir, unsere Eltern um Hilfe zu bitten, die uns zweifelsohne verstehen und unterstützen würden.

Die Aussicht, Eritrea zu verlassen, löste in mir freudige Erregung aus und stimmte mich gleichzeitig auch traurig. Ich liebte mein Land und liebe es noch immer, und ich wusste, dass diese Flucht einen unwiderruflichen Schritt bedeutete. Unter anderen Umständen hätte ich vielleicht ebenso das Bedürfnis verspürt, ins Ausland zu gehen, aber in diesem Fall wäre Eritrea immer ein Ort gewesen, an den ich hätte zurückkehren können. So aber ging es um eine illegale Flucht, mit der jede Hoffnung auf eine Rückkehr ausgeschlossen war. Es wäre ein endgültiger Bruch, eine endgültige Trennung von meiner Familie und allen mir nahe stehenden Menschen.

An jenem Abend betrachtete ich auf dem Heimweg das gewaltige, so karge und mir doch so vertraute Bergmassiv, und erneut schossen mir Tränen in die Augen. Es schien mir, als vermisse ich seinen Anblick bereits jetzt. Um mich zu trösten, befahl ich mir, positiv zu denken. Regime, Präsidenten, Politiker existierten nicht auf ewig. Wenn man es genau betrachtete, so war mein Land zunächst kolonialisiert worden, bevor die damaligen Kolonialherren wieder abzogen, um ihren Platz einem grausamen Diktator zu überlassen, der seinerseits abgesetzt wurde. Vielleicht würde sich ja in wenigen Jahren erneut alles ändern!

Ich nahm den Weg über die Straße der Befreiung und war so in meine Gedanken vertieft, dass ich die sonntägliche Menschenmenge kaum wahrnahm, als ich zwei junge uniformierte Soldaten auf mich zukommen sah. Gelähmt vor Angst blieb ich stehen, als hätten die beiden meine Gedanken erraten. Erst als sie an mir vorübergegangen waren, ohne mich eines Blickes zu würdigen, entspannte ich mich. Ich musste fliehen, unbedingt! Aufgewühlt zwang ich mich zu meinem gewohnten Verhalten, damit meine Mutter mir nichts anmerken würde, und setzte meinen Heimweg fort. Es war noch zu früh, um mit meinen Eltern über eine Flucht zu sprechen.

Ich strengte mich an, so gut es ging, aber als ich das Haus betrat und meine Mutter sah, wie sie das Abendessen vorbereitete und gleichzeitig versuchte, Esayas im Auge zu behalten, brach ich erneut in Schluchzen aus. Wie würde ich jemals mein Zuhause verlassen können? Wie würde ich jemals Mama verlassen können? Voller Verzweiflung warf ich mich in ihre Arme, und unter Tränen erzählte ich ihr alles. Beruhigend drückte sie mich an sich, sagte, sie würde mit meinem Vater sprechen, und riet mir, niemandem davon zu erzählen, nicht einmal meinen Brüdern. Dann gab sie mir etwas zu essen und schickte mich zu Bett. In dieser Nacht fand ich nur schwer Schlaf.

5

Schlepper

Saras Vater war ein großer, schlanker Mann mit kantigem, herbem Gesicht, auf dem fortwährend ein sorgenvoller Ausdruck lag. Als er zu uns kam, schien er noch ausgeprägter zu sein als sonst. Und es gab gute Gründe dafür.

Mein Vater hatte ihn und Sara zu uns eingeladen, nachdem wir im Kreise der Familie über eine Flucht beratschlagt hatten und ich auf Saras Begleitung bestanden hatte. Unserem Plan nach sollten wir illegal die Grenze zu Äthiopien passieren, denn ich wollte so schnell als möglich zu Tesfay, der uns in ebenjenen Tagen in einem Brief mitgeteilt hatte, er wolle nach Europa aufbrechen. Äthiopien schien die vernünftigste Lösung zu sein, unter anderem weil es – zumindest auf dem Papier – gute Beziehungen mit Eritrea unterhielt und unserem Land ähnlich war. Außerdem wurden die Grenzen nicht zu streng kontrolliert, und waren wir erst einmal drüben, würden uns keine weiteren Schwierigkeiten erwarten. Als letzte Überlegung blieb noch die Tatsache, dass in Addis Abeba außer Tesfay seit Jahren auch meine älteste Schwester Semhar lebte.

Als Sara und ihr Vater kamen, war es im Haus vollkommen still. Um ungehemmt sprechen zu können, hatte meine Mutter es so eingerichtet, dass meine Brüder außer Haus waren. Mein Vater erklärte, er habe verdeckt Kontakt aufgenommen zu jenen Personen, die sich um unsere Flucht kümmern würden, und erläuterte uns den mit ihnen vereinbarten Plan. Dieser sah auch die Mithilfe einer unserer Mütter vor. Die Wahl fiel auf Alganesh, denn Saras Mutter war krank.

Mama sollte mit all unseren Kleidern und Habseligkeiten über den Grenzposten zwischen den Städten Adi Kaieh in Eritrea und Senafè in Äthiopien einreisen. Wir hingegen würden nachts auf einem Pfad, der die bewachte Grenze umging, von einem Jungen bis zur ersten äthiopischen Stadt, Zala Ambessa, geführt werden, wo das Militär auf Grund des unwegsamen, bergigen Geländes weniger streng kontrollierte. Der vier- bis sechsstündige Fußmarsch wäre also nicht besonders riskant.

»Ein sicherer Weg, aber genau deswegen sehr teuer«, fügte mein Vater hinzu.

»Wie viel?«, fragte Saras Vater, und als Papa ihm antwortete, die Gesamtsumme beliefe sich auf rund achthundert Dollar, wurde er bleich. »Ich habe dieses Geld nicht, die Krankheit meiner Frau kostet mich bereits Unsummen für Medikamente.«

Mein Vater und ich blickten uns an. Ich war mir sicher, dass wir das Gleiche dachten: Wir mussten einen Ausweg finden, der auch Sara die Flucht ermöglichte. Nicht allein aus Opportunismus, damit ich eine Begleitung und eine mögliche Hilfe an meiner Seite hätte, sondern auch, weil wir die gleichen Sehnsüchte hatten und sie genau wie ich eine Chance verdiente.

»Eine Flucht aus Eritrea ist heutzutage ein wahrer Luxus«, bemerkte mein Vater nach einem kurzen Moment des Schweigens. »Nur wohlhabende Familien können ihren Kindern eine solche Möglichkeit bieten.

Auch das ist eine Ungerechtigkeit, und die Ausgaben sind erheblich, sieht man allein von den Unterhaltskosten im Ausland ab. Aber wir haben keine andere Wahl; nur wenn wir uns einer Schlepperorganisation anvertrauen, besteht die Möglichkeit einer Flucht außer Landes. Ihre Bedingungen sind rigoros: Zahlung im Voraus und keinerlei Rückerstattung im Falle eines gescheiterten Fluchtversuchs.«

Verzagt hörten Sara und ihr Vater zu. Ich wusste, was Sara durch den Kopf ging: Ohne das nötige Geld müsste sie sich von ihrem Traum für immer verabschieden, der sie trotz tausender Ängste und Zweifel an die Zukunft glauben ließ. Ich sah, dass sie drauf und dran war, in Tränen auszubrechen, und ergriff schnell das Wort. »Wir haben entschieden, gemeinsam fortzugehen, und das werden wir auch. Wir werden das Geld schon auftreiben, irgendwie werden wir es schon auftreiben.«

Während ich sprach, schaute ich meinen Vater an, der meine Worte bestätigte. »Sicher, macht euch keine Sorgen, wir werden genug Geld zusammenbekommen, um euch beiden eine Flucht zu ermöglichen.«

Saras Vater seufzte: »Ich kann mit Mühe gerade mal fünfhundert Dollar aufbringen, mehr geht wirklich nicht.« Mein Vater legte ihm eine Hand auf den Arm. »Wir haben Glück, meine Söhne und ich arbeiten, und wir kommen ganz gut zurecht. Ich werde mich um den Restbetrag kümmern und auch noch etwas für Saras Lebensunterhalt in Äthiopien drauflegen. Außerdem kann sie genau wie Feven mit Tesfays und Semhars Unterstützung rechnen.«

Erst jetzt streckte mein Vater seine Hand nach dem süßen Gebäck aus, das meine Mutter auf dem Tisch angerichtet hatte. Vor lauter Anspannung hatte bisher niemand zugegriffen. Mit einem Lächeln schob er den Teller zu Sara. Ein wenig erleichtert erwähnte ihr Vater, auch sie hätten in Äthiopien Verwandte, und ich könne mich ebenso auf sie verlassen, wenn ich Hilfe benötigte.

Zum ersten Mal an diesem Nachmittag ergriff Mama das Wort. »Wir alle werden um euch bangen, aber ich weiß, dass ihr zwei tapfere Mädchen seid und sehr vorsichtig sein werdet. Ich werde mein Bestes tun, um euch beim Verlassen des Landes zu helfen.«

Wir beschlossen, dass mein Vater den Kontakt zu den Personen vertiefen sollte, die uns außer Landes bringen würden, um den genauen Abreisetag festzulegen. Dieser sollte schon bald kommen.

Wir, Mama, Sara und ich, verließen eines Morgens Asmara mit dem Bus in Richtung Senafè. Bei uns hatten wir zwei Koffer, einer von mir, einer von Sara. Der Abschied von meinem Vater und meinen Brüdern war für mich sehr schmerzvoll, auch wenn wir uns alle anstrengten, nicht zu weinen. So wie damals vor jenem Bus, in den Tesfay eingestiegen war.

Angespannt saß Sara neben mir und reagierte kaum auf mein aufmunterndes Lächeln. Irgendwann bemerkte ich jedoch, dass ich selbst meine Hände zu Fäusten verkrampft hatte. Um mich abzulenken, drehte ich mich zu meiner Mutter um, die, ordentlich zurechtgemacht, ihr schönes Gesicht vom blütenweißen *nezelà* umrahmt, dasaß. Als sich unsere Blicke trafen, lächelte sie mir beruhigend zu, aber die Angst wollte nicht von mir weichen.

Kurz nach Mittag kamen wir in Senafè an. Hier, am Busbahnhof, würden wir bei Sonnenuntergang die

Kontaktperson meines Vater treffen, um von ihr weitere Anweisungen zu erhalten und unseren Führer kennen zu lernen, der uns nachts über die Grenze bringen würde. Bis dahin blieben uns noch einige Stunden Zeit, und meine Mutter brachte uns zu einer Bekannten, einer älteren Frau, deren Tochter eine Zeit lang nicht weit von uns in Asmara gelebt hatte. Nachdem sie uns herzlich empfangen hatte, verwickelte sie meine Mutter in ein ausführliches Gespräch über gemeinsame Bekannte und tausend andere Dinge, ohne sich danach zu erkundigen, warum Sara und ich hier waren. Wahrscheinlich ahnte sie den Grund und wollte uns unangenehme Fragen ersparen.

Kurz vor Sonnenuntergang kehrten wir zum Busbahnhof zurück und warteten wie vereinbart neben dem Fahrkartenschalter. Nach etwa zehn Minuten tauchte ein untersetzter Mann mittleren Alters auf, der ohne besondere Umschweife auf mich und Sara deutete und meine Mutter fragte, ob wir zwei diejenigen seien, die über die Grenze wollten. Sie nickte, und der Mann wies uns an, ihm zu folgen. Wir gingen mit einigen Schritten Abstand hinter ihm her und erreichten nach nur wenigen Minuten ein verfallenes Haus. Am Eingang hob er den Vorhang, der als Tür diente, und bedeutete uns einzutreten. Drinnen, in einer Ecke, lag ein Junge auf einer am Boden ausgebreiteten Matte und schlief fest. Er schien nur wenig älter zu sein als Sara und ich. Der Mann hieß uns auf einer anderen Matte, an der gegenüberliegenden Seite, Platz zu nehmen, rief eine Frau herbei, die sich in einem winzigen Raum an einem Gasherd zu schaffen machte, und wies sie an, *ciai*, den typisch eritreischen Tee, für uns zuzubereiten.

Schließlich setzte er sich meiner Mutter gegenüber und streckte ihr eine Hand entgegen.

»Das Geld.«

Sie holte aus einer Tasche unter ihrem *nezelà* ein Bündel zusammengerollter Geldscheine hervor. »Hier. Zählen Sie ruhig nach.«

Schweigend zählte der Mann in aller Ruhe die Scheine, faltete sie zusammen und steckte sie in seine Tasche, dann richtete er das Wort an Sara und mich: »Ihr werdet eine halbe Stunde vor Sonnenuntergang aufbrechen, zusammen mit Twolde«, sagte er und wies auf den schlafenden Jungen. »Er kennt die Pfade durch die Berge wie seine eigene Westentasche und macht diese Strecke zwei-, dreimal pro Woche. Mit ihm seid ihr sicher. Es gehen noch drei andere Jungen mit, auf die warten wir noch.« Dann erklärte er meiner Mutter, was sie zu tun habe. »Du passierst ganz regulär den Grenzposten; du bist nicht so jung, dass du für ein Mädchen gehalten werden könntest, das vor dem Militärdienst flieht. Falls sie dich etwas fragen, sag, dass du nach Adigrat zur Familie deiner Schwester gehst, die mit einem äthiopischen Kaufmann verheiratet ist und vier Kinder hat. So werden sie nicht misstrauisch, falls sie deine Koffer durchsuchen und die Kleider entdecken.«

Meine Mutter blieb reglos sitzen und schwieg. Der Mann wandte sich erneut an mich und Sara. »Twolde hat den Auftrag, euch bis nach Zala Ambessa zu begleiten, dort wird er euch eurem weiteren Schicksal überlassen. Du hingegen«, fuhr er fort in Richtung meiner Mutter, »steigst in Zala Ambessa aus dem Bus und wirst dort mit Gottes Hilfe deine Töchter wieder treffen. Meine Aufgabe ist damit erledigt.«

Die Frau stellte die Teegläser auf der Matte ab. Erst als ich den *ciai* hinuntergeschluckt hatte, bemerkte ich meine trockene Kehle. Das süßliche Getränk schien noch köstlicher als gewöhnlich zu schmecken. Meine Mutter hatte ihr Glas noch nicht angerührt. Ich blickte sie an, und sie warf mir zurAufmunterung ein weiteres, unmerkliches Lächeln zu. Sara hingegen hatte ihr Glas fast in einem Zug geleert und kaute an ihrer Unterlippe. Ich legte meine Hand auf ihr Knie, und sie blickte mich mit ihren großen, furchterfüllten Augen an, nahm meine Hand und drückte sie fest. In diesem Händedruck spürte ich ihre ganze Angst, aber auch eine Entschlossenheit, die ich selbst empfand.

In diesem Moment wurde der Vorhang beiseitegezogen, und drei Jungen kamen herein. In ihrer Begleitung befand sich ein Mann, der nur wenig jünger wirkte als jener, der bisher mit uns gesprochen hatte. Er führte die drei in das Zimmer und trat, ohne ein Wort zu verlieren, zu der Frau in den Nebenraum. Die Jungen blieben verlegen stehen, bis sich der Mann, der uns empfangen hatte, wieder an Sara und mich wandte: »Das sind eure drei Reisegefährten.« Der Mann schaute zu meiner Mutter. »Das wär's. Geht jetzt. In einer Stunde trefft ihr euch am Busbahnhof mit Twolde. Viel Glück.«

Beim Hinausgehen drehte ich mich noch einmal nach den drei Jungen um. Sie schienen genau in unserem Alter zu sein, und ich fühlte mich solidarisch mit ihnen. Ihren Mienen nach waren sie sehr angespannt. Schon bald würde ich Gelegenheit haben, sie besser kennen zu lernen, denn wir würden gemeinsam den langen Marsch durch die Nacht antreten, auf den Pfaden durch die Amben, die eritreischen Tafelberge.

Draußen herrschte eine glühende Hitze, denn die Sonne stand gerade an ihrer höchsten Stelle. In dieser drückenden Schwüle fragte ich mich, wie ich mich heute Nacht auf einem Gebirgspfad fühlen würde, in der schneidenden, ja fast eisigen Luft, die die Kleider durchdrang.

Zusammen mit meiner Mutter und Sara machte ich mich auf den Weg zum Busbahnhof. Nun mussten wir nur noch auf Twolde warten. Meine Mutter holte aus ihrer Tasche einige *hembascià* hervor, die sie für uns zubereitet hatte. Wir aßen, ohne viele Worte zu wechseln, und schon bald war es Zeit für unsere Verabredung. Twolde jedoch erschien erst mit einer Stunde Verspätung. Bei ihm waren die drei Jungen.

Nun war es so weit. Das Abenteuer unserer Flucht nach Äthiopien konnte beginnen. Ergriffen dachte ich daran, dass ich nun in das Unbekannte aufbrechen würde. Die Nacht, die mich erwartete, kam mir vor wie ein Vorhang, hinter dem sich meine Zukunft auftat. Äthiopien, Tesfay, mein Leben, meine Hoffnungen – all dies befand sich dort drüben, auf der anderen Seite dieser Bergkette, die vom warmen Licht der untergehenden Sonne beschienen wurde.

6

Auf der Flucht

Twolde war groß und schlaksig und rund drei Jahre älter als ich, sein Gesichtsausdruck ließ ihn jedoch um einiges reifer wirken. Auffallend an ihm waren seine leeren Augen, mit denen er sein Gegenüber nie direkt anblickte. Als er uns entdeckte, kam er auf uns zu und drehte sich dann wortlos um. Ein eindeutiges Zeichen: Es war Zeit zu gehen. Ich umarmte meine Mutter mit einer fast verzweifelten Heftigkeit in dem Versuch, darin all meine Liebe zu ihr auszudrücken, aber auch, um sie zu beruhigen. Ich wusste, wir würden uns zwei Tage später in Zala Ambessa, wo sie uns mit unseren Koffern erwarten würde, wiedersehen. Meine Mutter sagte auch Sara Lebewohl, welche ihre Umarmung mit Überschwang und feuchten Augen erwiderte, vielleicht in Gedanken an ihre eigene Mutter, die sie nicht bis hierher hatte begleiten können.

Twolde bereitete unseren Rührseligkeiten ein Ende, indem er uns aufforderte, ihm zu folgen. Den drei jungen Männern, die etwas abseits von uns gewartet hatten, gab er mit einer viel sagenden Geste dasselbe zu verstehen. Während wir uns langsam entfernten, hielt ich den Blick noch immer auf meine Mutter gerichtet. Ich sah, wie sie sich umdrehte und mit den beiden Koffern auf den Fahrkartenschalter zuging.

Nach wenigen Minuten hatten wir die letzten Häuser hinter uns gelassen. Sara und ich liefen Seite an Seite einige Schritte hinter Twolde. Weiter hinten die drei Jungen, die offensichtlich ausführliche Anweisungen erhalten hatten, denn sie hielten mit uns Schritt, ohne ganz zu uns aufzuschließen. Auf der Spitze eines kleinen Hügels, von dem aus man ganz Senafè überblicken konnte, machte Twolde im Schatten eines Baumes Halt. Sara und ich erreichten ihn atemlos und verschwitzt. Allein diese halbe Stunde Fußmarsch unter der heißen Sonne hatte uns völlig erschöpft, und ich fragte mich besorgt, wie ich den restlichen Weg die Nacht hindurch noch schaffen sollte. Ich hätte mich gern hingesetzt, tat es jedoch nicht und wartete im Stehen, während Twolde die Landschaft betrachtete, um mich nicht ansehen zu müssen. Sara warf mir ein schwaches Lächeln zu, das ich erwiderte. Als die drei jungen Männer uns eingeholt hatten, ließ Twolde ihnen nicht einmal Zeit, neuen Atem zu schöpfen.

»Wir haben einen zehnstündigen Fußmarsch vor uns«, sagte er, »und dürfen uns nicht länger aufhalten, denn erst wenn wir zwei Stunden vor Sonnenaufgang die Grenze überschritten haben, sind wir in Sicherheit. Ich gebe nun das Tempo vor, und ihr folgt mir. Wir haben keine Zeit zum Warten, falls jemand zurückbleibt, klar? Daher passt auf, wohin ihr eure Füße setzt, denn eine Verstauchung, eine Verrenkung oder einen schweren Sturz könnt ihr euch nicht leisten. Besonders wichtig: Ihr dürft während des ganzes Weges nicht sprechen, und wehe euch, wenn ihr Taschenlampen oder Streichhölzer anzündet, das Mondlicht ist mehr als ausreichend. Haltet etwas zum Überziehen, Wasser und

Essen bereit. Wenn alles gut geht, sind wir in acht Stunden an der Grenze. Dann kommt der heikelste Moment: Sobald ich euch ein Zeichen gebe, dürft ihr euch nur noch fortbewegen, ohne Steine ins Rollen zu bringen, ohne zu husten oder zu niesen. Und wehe, jemand von euch sagt ein Wort.«

Seine Worte ließen uns erstarren. Twolde war erbarmungslos, ohne Gefühle, und gewiss würde er auch vor Gewalt nicht zurückschrecken. Auch die drei Jungen wirkten entsetzt. Sara neben mir begann schwer zu atmen, als bekäme sie nicht genug Luft. Für den Bruchteil eines Augenblicks schien ihr Keuchen der einzige Laut in der bleiernen Stille aus Furcht und Anspannung zu sein.

Twolde suchte erneut die Landschaft ab, bevor er noch einmal das Wort ergriff: »In wenigen Minuten wird es dunkel, und wir können losgehen. Also, alles klar? Ich will ab jetzt keine Schwierigkeiten.«

Die letzten Worte hatte er bereits im Gehen gesprochen. Ich wollte mich ihm direkt anschließen und gab Sara einen Schubs, mir zu folgen. Sie schien bestürzt über Twoldes Härte zu sein, aber schließlich setzte sie sich doch in Bewegung. Die drei Jungen marschierten einer nach dem anderen hinter uns her.

Der Pfad führte den Hügel hinab und einige Meter tiefer an jenem Baum vorbei, in dessen Schatten wir Rast gemacht hatten. Plötzlich musste ich an Tesfay denken: Als ich Kind war, hatten wir uns zum Plaudern immer unter genau einen solchen Baum zurückgezogen.

Die Sonne wurde mittlerweile fast gänzlich von den Bergen am Horizont verdeckt, und ihre Strahlen beschienen seitlich den Pfad und die Felsen. Unter uns sah Senafè aus wie in ein dunkles Orange getaucht, und an meine Ohren drangen gedämpfte Laute und Geräusche des alltäglichen Lebens: ein Eselschrei, das Brummen eines Generators, das Knattern eines Automotors. Auf dem hinter der Stadt gelegenen Plateau wiegten sich die Ähren von Gerste und *teff* in der sanften abendlichen Brise und warfen, von den letzten Sonnenstrahlen getroffen, goldene Lichtspiegelungen zurück, als wedele jemand mit einer übergroßen, kostbaren Decke. Ich vertiefte mich in den Anblick dieser Landschaft in dem Gedanken, dass dies vielleicht die letzte Erinnerung an meine Heimat sein würde. Ich war mir sicher, dass ich in Zukunft von solchen Bildern zehren würde, und in diesem Moment, gerade als ich Eritrea verließ, wurde mir bewusst, wie sehr ich mich mit diesem Land verbunden fühlte.

Die unvermittelt hereinbrechende tropische Nacht tauchte uns in nicht einmal zehn Minuten in eine absolute Finsternis. Der Mond stand noch zu tief, um den Pfad beleuchten zu können, und mit Mühe versuchte ich, den Anschluss an Twolde nicht zu verlieren. Ich zwang mich, seine Schuhe nicht aus dem Blick zu verlieren, die sich sicher auf dem unebenen Gelände voranbewegten. Hinter mir hörte ich Saras Schritte, die unentwegt gegen Steine trat und ihren Halt verlor. Wir stiegen bergab bis etwa auf die Höhe von Senafè, wo wir die Stadt umkreisen und uns anschließend weiter nach Süden, in Richtung Grenze, orientieren würden. Nach einer halben Stunde hob sich der Pfad als blassheller Streifen vom ebenen Gelände ab. Nach und nach gewann ich meine Ruhe zurück. Das Schritttempo wurde gleichmäßiger, die Augen hatten sich an die Dunkelheit gewöhnt, und der aufsteigende Mond begann, unseren Weg zu beleuchten. Ein paar Stunden kamen wir ohne größere Schwierigkeiten oder unvorhergesehene Zwischenfälle voran. Ab und an drehte ich mich nach Sara um, die mir jedes Mal anstelle einer Antwort einen beruhigenden Klaps gab. Auch Twolde warf einige Male einen prüfenden Blick über seine Schultern nach hinten. Er fühlt sich in dieser Finsternis gewiss wohl, dachte ich bei mir, so musste er wenigstens niemandem von uns in die Augen sehen.

Meine Mutter kam mir in den Sinn. Was sie wohl gerade machte? Sicherlich war sie in Sorge um mich, aber so wie ich sie kannte, würde sie sich nichts anmerken lassen, sondern ihre würdevolle Haltung und das unerschütterliche Vertrauen darauf, dass die Gerechtigkeit am Ende siegte, bewahren. Vielleicht war sie auch damit beschäftigt, über ihre eigene Rolle innerhalb des Plans nachzudenken – sie, die selbst Fremden gegenüber äußerst gewissenhaft war. Ich war ihre jüngste Tochter, sie liebte mich und hätte auch das Unmögliche möglich gemacht, um mir zu helfen. Meine Gedanken schweiften weiter zu meinem Vater. Auch er war gewiss besorgt, und darüber hinaus musste ihm meine Mutter an diesem Abend ganz besonders fehlen. Ich stellte mir meine Brüder vor, wie sie nach Hause kommen und ihn fragen würden, ob er schon Neuigkeiten von mir hätte, und er nervös verneinte.

Der Pfad stieg nun wieder an, breit und hell, und er schlängelte sich dieses Mal nur sanft empor, sodass der Anstieg nicht besonders ermüdete. Wir durchquerten eine weitläufige Senke. Unter uns zeichneten sich unsere Schatten ab, über uns erhoben sich die Umrisse der Amben vor dem Sternenhimmel. Dort lag Äthiopien, hinter diesen Bergen, die es zu überwinden galt.

Inzwischen war der Pfad steiler geworden, und ich spürte, wie die kühle Nachtluft meine verschwitzten Arme und den Hals reizte. Ich fror noch nicht wirklich, denn wir waren bereits seit Stunden in Bewegung, aber ich dachte an die Wolljacke, die in meiner Tasche steckte.

Während unseres fast fünfstündigen Fußmarsches hatten wir kein einziges Wort miteinander gewechselt. Ich wollte Sara so gerne fragen, ob es ihr gut gehe, aber Twoldes nun rasches Schritttempo machte selbst einen Blickwechsel oder eine Verständigung durch Zeichen unmöglich. Das alles machte mich nervös, denn ich war mir sicher, dass dieses Schweigen keineswegs nötig war und dass Twolde es uns nur auferlegte, um jeglichen Kontakt mit uns zu vermeiden. Eine von vielen Möglichkeiten, uns davon abzuhalten, Fragen zu stellen oder Erklärungen einzufordern. Als einziger Trost blieb der Gedanke, dass er bei Sonnenaufgang endlich verschwinden würde.

Auf einem Grat gab Twolde uns ein Zeichen, schweigend auf ihn zu warten, dann entfernte er sich, um das Gelände erst links, dann rechts abzusuchen. Trotz der Dunkelheit gelang es mir, die drei Jungen zum ersten Mal aus der Nähe zu betrachten. Ich war versucht, mich ihnen vorzustellen, aber mir blieb keine Zeit dazu, denn Twolde kam schon wieder zurück und gab uns mit einem Wink zu verstehen, ihm einen steil abschüssigen Hang hinunterzufolgen.

Der äußerst mühselige Abstieg, welcher unsere Knöchel auf eine harte Probe stellte, endete schließlich in einer Art Klamm, die so eng war, dass kein Mondlicht hineindrang. Erst jetzt machte sich die Kälte bemerkbar, und ich streifte meine Wolljacke über. Sara tat es mir gleich. Twolde war mittlerweile nach rechts abgebogen und schritt erneut bergauf, einem, wie mir schien, ausgetrockneten, mit großen Steinbrocken angefüllten kleinen Flussbett folgend, dessen Aufstieg an das Erklimmen einer endlosen Treppe mit unregelmäßigen Stufen erinnerte.

Schon bald begannen wir alle zu keuchen und zu schwitzen, und nach etwa einer Stunde waren wir völlig entkräftet. Immer wieder verlor ich den Anschluss an Twolde, der nur dann einen Moment lang stehen blieb, wenn er bemerkte, dass wir zurückgefallen waren. Hatten wir zu ihm aufgeschlossen, setzte er seinen Weg fort, ohne uns Zeit zu lassen, Atem zu schöpfen. Während einer dieser knappen Pausen drehte ich mich um und sah, dass Sara weinte. Ich ergriff ihre Hände, um ihr Mut zu machen, aber sie wehrte mit einem Kopfschütteln ab. Mit der wenigen Kraft, die mir noch blieb, drückte ich sie, um sie zum Durchhalten zu ermuntern – schließlich würde auch dieser Aufstieg irgendwann zu Ende gehen. Twolde war gerade im Begriff weiterzugehen, als ich ihn am Pullover zurückhielt und ihm durch Zeichen bedeutete, eine kurze Rast einzulegen. Anstelle einer Antwort packte er die Hand, mit der ich ihn festhielt, löste sich aus meinem Griff, warf mir einen flüchtigen, unwirschen Blick zu und schritt weiter voran. Wie sehr ich ihn in diesem Moment verabscheute! Ich hörte die Schritte der drei Jungen, die uns nun überholten: Alle drei versuchten sie, Sara durch ein leichtes Schulterklopfen Mut zu machen. Machtlos sah ich, wie sie meinen Platz hinter Twolde einnahmen. Sara weinte noch immer und schüttelte verzweifelt den Kopf. Ich musste sie dazu bringen, sich in Bewegung zu setzen, koste es, was es wolle, und so stemmte ich mich mit Gewalt gegen sie. Um nicht zu fallen, musste sie ein paar Schritte machen. Ich blieb hinter ihr, trieb sie jedes Mal, wenn sie Anstalten machte, stehen zu bleiben, erneut an. Und dann, völlig unerwartet, liefen wir plötzlich raschen Schrittes weiter. Saras Krise war kein physischer, sondern ein psychischer Zusammenbruch gewesen. Wir waren ein wenig in Abstand zur restlichen Gruppe geraten, aber durch das Mondlicht konnten wir sie in der Ferne ausmachen und ihr folgen. Erschöpft und erleichtert ging ich weiter. Glücklicherweise war kurz darauf der Anstieg beendet, und Twolde befahl uns mit einer Geste innezuhalten, um erneut das Gelände zu erkunden.

Unsere kleine Gruppe war wieder vollständig. Wir befanden uns nun auf einer Art frei stehendem Kamm, von dem aus man ein imposantes Panorama überblickte. Unter uns, an einem der Hänge, war eine Straße und eine schwach erleuchtete Hütte auszumachen: der eritreische Grenzposten. Hätte ich dort die Grenze passiert, hätten mich die Grenzsoldaten angehalten und sofort begriffen, dass ich ein Mädchen im Wehrdienstalter war. Sie hätten mich vielleicht für einige Tage in Haft behalten oder mich missbraucht, bevor sie mich auf direktem Weg in eine Kaserne abtransportiert hätten.

Die Vorstellung, dass ich kurz davorstand, den Kampf gegen sie zu gewinnen und ihren Kontrollen zu entgehen, verlieh mir Kraft. Sie würden mich nicht kriegen, ich wollte keine Uniform tragen, ich wollte niemanden töten. Plötzlich lief mir ein Schauer über den Rücken, denn schon bald, bei den ersten Strahlen der aufgehenden Sonne, würde meine Mutter mit dem ersten Bus genau dort vorbeikommen. Bei dem geringsten Verdacht würde sie festgehalten, misshandelt, wer weiß, welcher Vergehen beschuldigt, um zu einem Geständnis gezwungen zu werden. Ich versuchte, nicht daran zu denken. Ich musste Zuversicht zeigen, sonst wäre alles verloren. Sara schien es gut zu gehen. Der Sonnenaufgang war nahe, wir mussten nur durchhalten.

Unterdessen hatte jene für die Hochebene so typische schneidende Kälte eingesetzt. Auch die jungen Männer hatten sich etwas übergezogen, und ein weiteres Mal warteten wir schweigend auf Twolde. Als er wieder auftauchte, gab er uns mit Zeichen zu verstehen, jenen dem Grenzposten gegenüberliegenden Hang einige Schritte hinabzusteigen und uns dann parallel zum Kamm zu halten. Er ging voraus. Während wir uns hintereinander aufreihten, verstand ich, warum er diesen Abhang gewählt hatte: Auf der anderen Seite hätte das Geröll, das wir unweigerlich ins Rutschen gebracht hätten, die Wachen in Alarm versetzt. Ob ich wollte oder nicht – ich musste zugeben, dass Twolde seine Sache verstand, aber ich konnte ihm weder seine Gleichgültigkeit Saras Schwäche gegenüber verzeihen noch sein absurdes Schweigegebot; ein paar geflüsterte Worte hätten uns bestimmt nicht in Gefahr gebracht, im Gegenteil, sie hätten uns geholfen, die Strapazen des Fußmarsches besser zu ertragen.

An einigen Stellen war der Abhang so abschüssig, dass man durch einen einzigen Fehltritt riskierte, den ganzen Hang hinabzurutschen. Wir mussten also besonders vorsichtig sein, und auch Twolde hatte sein Tempo gedrosselt. Inzwischen stand der Mond an der anderen Seite des Firmaments: ein Zeichen dafür, dass der Anbruch des neuen Tages nicht mehr fern und unser Marsch bald zu Ende war. Mich durchfuhr ein Schauder. Ich war in Äthiopien! Ich hatte meine Heimat hinter mir gelassen! Mir war zum Weinen zu Mute, und sofort dachte ich an meine Mutter, die ich schon bald wieder sehen würde. Das gab mir Kraft, und ich zwang mich dazu, meine Gedanken auf Tesfay und Semhar zu richten.

Nach etwa einer Stunde ließ uns Twolde wieder auf den Grat hochsteigen, dann befahl er uns, ihm diagonal jenen Hang hinabzufolgen, welchen wir zuvor gemieden hatten. Nach rund zwanzig Minuten befanden wir uns am Fuße des Berges, während auf den Gipfeln die ersten roten Streifen der aufgehenden Sonne den Himmel färbten. In knapp einer halben Stunde, dachte ich, würde die Helligkeit auch das Tal erreicht haben, das wir gerade durchquerten.

Nachdem wir Twolde eine Weile auf gewundenen Wegen gefolgt waren, blieb er stehen und wies die drei Jungen an, einen Pfad zu unserer Linken einzuschlagen. Ohne Twolde zu fragen, ging ich zu ihnen, verabschiedete sie, drückte ihnen die Hand, küsste sie und fragte sie nach ihren Namen.

Verlegen und noch immer ängstlich erwiderten sie meine Geste, bevor sie sich entfernten. Twolde warf mir einen erbosten Blick zu und nahm seinen Weg erneut auf. Zum ersten Mal tat er mir leid. Er musste ein schweres Leben haben, und es war sicher nicht leicht, sich auf eine solche Weise seinen Lebensunterhalt zu verdienen. Er hatte bestimmt keine Freunde. Wem konnte er schon anvertrauen, worin seine Arbeit bestand? Wer würde sich schon gerne mit einem Schlepper abgeben? Von dem ganzen Geld, das der Mann in der Baracke eingesteckt hatte, würde ihm bestimmt nur ein minimaler Teil zufallen, obgleich er die Verantwortung für den schwierigsten und risikoreichsten Part dieser schändlichen Arbeit trug. An all das dachte ich, während ich seine abgenutzten Schuhe betrachtete, die im Gras versanken.

Twolde blieb am Rand einer asphaltierten Straße stehen und wies uns an, ihr bis nach Addis Abeba zu folgen. »Mein Teil ist hiermit beendet«, verkündete er trocken und ließ uns, ohne einen Gruß oder eine Abschiedsgeste, einfach stehen.

Sara und ich umarmten uns lange unter Tränen. Dann machten wir uns erneut auf den Weg, wie zwei äthiopische Freundinnen, die zum Einkaufen in das nächste Dorf gehen.

Mama! Ob sie es wohl schaffen würde? Um diese Zeit müsste sie gerade den Bus bestiegen haben. In einer halben Stunde würde sie den Grenzposten erreichen, wo sie die schwerste Prüfung überstehen musste: die Grenzkontrolle, vielleicht auch das Durchsuchen ihrer Koffer, begleitet von schroffen Fragen und dem typisch arroganten Gehabe der Militärs. Hätte sie die Grenze erst einmal passiert, würde sie nach einer erneuten halbstündigen Fahrt in Zala Ambessa ankommen. In wenig mehr als einer Stunde wären wir wieder zusammen.

Etwa zwei Stunden gingen wir zügigen Schrittes voran, die letzte halbe Stunde mit klopfendem Herzen. Mama müsste bereits angekommen sein, und ich konnte es kaum erwarten, sie zu umarmen. Ich versuchte, die Möglichkeit, ihr wäre am Grenzposten etwas zugestoßen, aus meinen Gedanken zu verdrängen, aber die Vorstellung wollte mich nicht loslassen.

Nass geschwitzt von der Hitze und weil wir das letzte Stück fast im Laufen zurückgelegt hatten, erreichten wir Zala Ambessa. Die Sonne stand schon hoch am Himmel.

Mama erwartete uns vor dem Eingang zum Busbahnhof, die beiden großen Koffer neben sich abgestellt. Ich warf mich in ihre Arme und drückte sie lange, außer mir vor Glück. Sie erwiderte meine Umarmung und küsste mich, holte mich aber sofort in die Realität zurück.

»Ihr müsst den Bus nehmen«, sagte sie, »den gleichen, mit dem ich gekommen bin, der bringt euch nach Addis Abeba. Er fährt in wenigen Minuten ab, beeilt euch. Es wartet eine lange Reise auf euch, und wenn ihr ihn verpasst, müsst ihr tagelang hier ausharren.«

Ich fühlte, wie ich erstarrte. Wir mussten uns für immer verabschieden. Ich blickte sie an, ihre Augen glänzten, und meine Freude verwandelte sich in quälenden Schmerz. Erneut warf ich meine Arme um ihren Hals, und sie küsste mich auf die Stirn. Sara schob mich schließlich in Richtung des Busses. Wir nahmen unsere Koffer und stiegen ein. Kurz darauf setzte er sich in Bewegung. Mama blieb draußen auf der Bank sitzen und winkte uns zum Abschied. Trotz all ihrer Anstrengung, ihre Gefühle zurückzuhalten, waren ihre Augen voller Tränen.

Alles hatte geklappt, wie wir es uns gewünscht hatten, und doch fühlte ich mich wie nach einer Niederlage. Ich war in Äthiopien, auch hier sprach man Tigrinya, wie bei uns. Die Landschaft war die gleiche – die gleichen Amben, die gleichen Häuser, die gleichen Leute –, aber ich fühlte mich fremd. Selbst mein Name, den Mama beim Abschied gerufen hatte, schien mir eigenartig fremd.

7

Gesucht

Mein Aufenthalt in Äthiopien begann unter schlechten Vorzeichen. In Addis Abeba musste ich erfahren, dass Tesfay eine Woche zuvor nach Deutschland aufgebrochen war, wo man ihm eine gute Arbeit angeboten hatte. Er hatte mir einen Brief zurückgelassen, in welchem er mich um Entschuldigung bat und sich auf unsere gemeinsamen Pläne berief, indem er erklärte, er habe diese einmalige Gelegenheit auch in Hinblick auf unsere zukünftigen Vorhaben nicht ausschlagen können. Ich verstand ihn, gewiss, aber für mich war es ein schwerer Schlag.

Ich wohnte bei meiner ältesten Schwester Semhar und ihrer Familie, und schon bald musste ich feststellen, dass die Situation in Äthiopien nicht viel anders als in Eritrea war. Auch hier gab es weder Möglichkeiten zu arbeiten oder sich weiterzuqualifizieren noch eine Chance, sich eine Zukunft aufzubauen. Addis Abeba war einfach nur eine etwas größere Stadt als Asmara, mit ungleich mehr Armut. So hatte ich mir das alles nicht vorgestellt, und ich verstand, warum sich Tesfay auf die Suche nach etwas Besserem in Europa gemacht hatte.

In kürzester Zeit hatte ich alle Möglichkeiten erkundet, welche die Stadt zu bieten hatte. Umsonst. Einige Male traf ich mich mit Sara, die jedoch bei Verwandten in einem Vorort wohnte, weit vom Haus meiner

Schwester entfernt. Auch sie war enttäuscht. Allein der Gedanke, dem Militärdienst entgangen zu sein, spendete uns Trost.

Wochen und Monate vergingen. Inzwischen wohnte ich bereits ein knappes Jahr in Addis Abeba und fühlte mich furchtbar unglücklich. Eines Tages, nachdem ich mit meinen Eltern telefoniert hatte, überkam mich ein unendliches Heimweh, das mich nicht mehr loslassen wollte. Ich vermisste mein Leben in Asmara, meine Freunde aus der Kathedrale, die Abende zu Hause und die Familiengespräche. Mein Leben in Addis Abeba erschien mir nun unerträglich. Von Zeit zu Zeit erwog ich, Tesfay nach Deutschland zu folgen, aber die Reise war enorm kostspielig und nicht realisierbar, und am Telefon sprach er von ernsthaften Schwierigkeiten, dort zu überleben. Hier, so sagte er mir, könne man es nur schaffen, wenn man bereits mit der Garantie auf einen Arbeitsplatz käme.

Um Weihnachten wurde das Heimweh nach Asmara besonders stark. Ich musste nach Hause. Ich war so unglücklich, dass es mir auch körperlich schlecht ging. Semhar bemerkte dies und gab meinen Eltern Bescheid, die mich eines Tages anriefen und mir tausend Fragen stellten. Es war nicht eines dieser kurzen und knappen Telefonate wie sonst, um nicht allzu viel Geld auszugeben. Sie sprachen abwechselnd mit mir, bis ich ihnen schließlich gestand, was mich bedrückte, und mein Vater mir zur Rückkehr riet. Nachdem sie einen offiziellen Brief erhalten hatten, in dem ich aufgefordert worden war, den Wehrdienst abzuleisten, sei nichts weiter geschehen, sagte er, vielleicht, weil die eritreische Armee zur Zeit keine neuen Truppen benötige. Und letztendlich, erklärte er, gebe es einige Möglichkeiten, die Einberufung zu umgehen. Seine Worte überzeugten mich, und einige Wochen später kehrte ich in meine Heimatstadt zurück, mit dem eher bitteren Gefühl, ein Jahr meines Lebens vergeudet und obendrein meine Familie zu einer nutzlosen finanziellen Ausgabe gezwungen zu haben.

Meine Eltern erwarteten mich zusammen mit Esayas am Busbahnhof. Es erwartete mich allerdings auch mein Leben, aus dem ich zu fliehen versucht hatte. Ein unsicherer Zustand ohne irgendeine Perspektive, der sich, wie ich schnell begriff, während meiner Abwesenheit noch weiter verschlimmert hatte – wenn das überhaupt möglich war. Nun sprach man in Eritrea nicht mehr allein über die bestehenden Divergenzen unter den Regierungsmitgliedern, sondern über Verhaftungen und Repressalien, selbst wenn es nur vereinzelte Meldungen darüber gab und niemand es wagte, öffentlich aufzubegehren.

In dieser Situation passierte letztendlich das, was ich befürchtet hatte: Zwei Unteroffiziere in Uniform suchten mich zu Hause auf. Ich war nicht da, und so wurden sie von meiner Mutter empfangen, der es gelang, ihnen eine plausible Erklärung für meine Abwesenheit zu geben: Ich sei gleich nach meinem Schulabschluss nach Äthiopien gegangen, um bei meiner Schwester zu leben, und sie habe keinerlei Schreiben seitens der Armee erhalten.

Die beiden Militärs taten so, als akzeptierten sie diese Erklärung, und gingen wieder fort. Doch vielleicht würden sie wiederkommen … Und so musste ich den Gedanken in Erwägung ziehen, nach Äthiopien zurückzukehren, und mich darauf vorbereiten, Tesfay nach Europa zu folgen, auch wenn dies für meine Familie erneut eine große finanzielle Belastung bedeutete, die ich, wie ich mir vornahm, mit meinen ersten Einnahmen zurückzahlen würde. Das Schicksal hatte für mich jedoch einen anderen Weg vorgesehen. Genau zu dem Zeitpunkt, als ich gerade dabei war, meine erneute Flucht zu planen, brach der Krieg zwischen Eritrea und Äthiopien aus. Ein Konflikt, der alle völlig unvorbereitet traf, ausgelöst durch Besitzansprüche um ein handtuchgroßes Stück unfruchtbarer Erde entlang der Landesgrenze, weit oben in den Bergen und ohne jegliche Art von Bodenschätzen. Ein weiteres Mal bewies die Regierung, dass ihr die Interessen der Bevölkerung völlig gleichgültig waren. Der Krieg bot nur wenig Hoffnung auf Sieg: Äthiopien zählte sechzig Millionen Einwohner, Eritrea nur vier Millionen. Für mein Volk würde es ein Blutbad werden, und obendrein würde der Konflikt alle Gelder schlucken, mit denen die Regierung den Eritreern ein besseres Leben hätte sichern können.

Alles in mir rebellierte angesichts solcher Zukunftsaussichten. Ich würde sicherlich einberufen werden, denn das Heer benötigte Streitkräfte in den Schützengräben der Hochebene. Aber ich wollte nicht töten, ich wollte gegen niemanden Krieg führen. Irgendwie würde es mir schon gelingen zu fliehen. Nichts in der Welt würde mich jemals dazu bringen, eine Uniform anzuziehen oder eine Waffe zu tragen.

Fliehen, aber wie? Wohin? Während mich diese Fragen quälten, überschlugen sich die Ereignisse bereits. Eines Tages erschien bei uns zu Hause ein General in

Begleitung eines Offiziersdieners. Dieses Mal war mein Vater zugegen, und er versuchte, den beiden die gleiche Geschichte aufzutischen, die meine Mutter bereits den Unteroffizieren erzählt hatte – vergeblich. Der General war alles andere als nachgiebig und schien entschieden zu sein, das durchzusetzen, was er sich vorgenommen hatte. Ohne die Einladung, sich zu setzen, anzunehmen, blieb er an der Haustür stehen.

»Ich heiße Abreha wie du«, sagte er zu meinem Vater, »und ich weiß alles über deine Familie. Ich kenne die Namen deiner Söhne und weiß, wo sie arbeiten. Und ich weiß, dass Feven hier ist und sich versteckt, um dem Militärdienst zu entgehen. Ich lasse es nicht zu, dass jemand selbst darüber entscheidet, ob er in die Dienste seines Landes tritt oder nicht. Feven hat so bald als möglich bei mir im Hauptquartier hier in Asmara zu erscheinen. Dann werde ich persönlich über ihr Schicksal entscheiden.«

Mein Vater versuchte, etwas zu erwidern, doch der General schnitt ihm das Wort ab: »Schweig. Ich habe alles gesagt. Feven hat bei mir zu erscheinen. Ich verliere nicht gern unnötig Zeit. Ich hoffe, ich habe mich klar ausgedrückt.« Hier machte er eine Pause und schloss schließlich in drohendem Ton: »Ich wiederhole, Abreha, ich kenne deine Familie und deine Söhne …« Dann drehte er meinem Vater den Rücken zu und ging zu seinem Dienstwagen, an dessen Steuer der Offiziersdiener saß.

Wie versteinert vor Schock, blieb mein Vater zurück, zitternd vor Wut und Angst.

An jenem Abend lachte oder scherzte niemand zu Hause. Es war nicht zu übersehen, dass meine Eltern voller Sorge waren. Mich dagegen plagten Gewissensbisse, ich fühlte mich verantwortlich, weil ich die Sicherheit meiner Eltern, meiner Brüder, ihrer Ehefrauen und ihrer Kinder aufs Spiel setzte. Voller Kummer sagte ich meinen Eltern, ich würde mich stellen, um die Familie nicht weiter zu gefährden. Anschließend wollte ich dann irgendwie versuchen, den Militärdienst zu umgehen, ohne sie damit zu belasten. Mein Vater war jedoch alles andere als einverstanden.

»Ich glaube nicht, dass sie gleich reagieren«, sagte er an meine Mutter gewandt. »Wenn Feven sich nicht rührt, wird Abreha noch einmal zurückkehren und uns erneut drohen.« Dann blickte er mich an. »Hoffen wir, dass Abreha möglichst lange auf sich warten lässt, damit wir Zeit gewinnen. Dieser Krieg wird nicht lange dauern, und inzwischen kann viel passieren. Vielleicht ist ja in einigen Wochen alles schon wieder vorbei. Dann werden sie auf der Hochebene auch keine Soldaten mehr brauchen und vielleicht nicht länger nach dir suchen. Es könnte auch passieren, dass Abreha in Ungnade fällt. Und wenn dieser Krieg mit einer Niederlage endet, was so gut wie sicher ist, wird es in den Augen der neuen Regierung möglicherweise sogar als Verdienst gelten, dem Einberufungsbefehl nicht Folge geleistet zu haben. Wir müssen einfach nur abwarten, Feven. Die Zeit steht auf unserer Seite.«

Ich sah ihn beeindruckt an. Mein Vater schaffte es, Situationen mit Besonnenheit und in aller Ruhe zu überdenken, auch wenn es ihn in manchen Fällen Mühe kostete, Haltung zu bewahren. Auch meine Mutter betrachtete ihn voller Bewunderung.

Von diesem Tag an versuchte ich, so wenig wie möglich zu Hause zu sein, um eine Begegnung mit General Abreha zu vermeiden. Ich verbrachte meine Zeit in der Kathedrale oder bei Freunden und kehrte erst abends nach Hause zurück. Die Nachrichten von der Front, die uns wegen einer von der Regierung auferlegten Zensur nur schwerlich erreichten, waren dramatisch: Die Verluste beliefen sich auf beiden Seiten auf mehrere tausend. Es verging kein Tag, an dem wir nicht vom Tod eines Bekannten erfuhren, und die Berichte jener, die von der Hochebene zurückkehrten, waren grauenhaft: Bei Kälte und unter unendlichen Entbehrungen wurde aus Schützengräben gekämpft, die in Felsen hineingehauen worden waren. Ich musste oft an meinen Cousin Michael denken oder an den Bruder meiner Freundin Sara, die beide im Befreiungskrieg gefallen waren. Sollte ihr Opfer also völlig unnütz gewesen sein und allein dazu gedient haben, weitere zehntausende junger Menschen zum Sterben in einen neuen Krieg zu schicken?

Entgegen der Ankündigungen meines Vaters kehrte General Abreha bereits nach wenigen Tagen zurück. Er machte konkretere Anspielungen und drohte uns noch offener als beim ersten Mal. Es war eindeutig, dass mir keine Alternative blieb. Ich lieferte mich aus. Machtlos und wütend schwor ich mir, der Öffentlichkeit auf irgendeine Weise zu zeigen, wie die Militärs und im besonderen Abreha beschaffen waren.

Auf diese Art würde ich mich an ihnen rächen.

8

Das Militärcamp von Sawa

In der Kaserne wurde ich sofort in das Büro von Abreha geführt. Mich ärgerte es, dass dieses verachtenswerte Individuum den gleichen Namen trug wie mein Vater und er es gewagt hatte, ihm zu drohen.

Abreha hatte kleine, dunkle Augen und eine niedrige Stirn, die von tiefen Falten durchfurcht war. Die dichten, krausen Haare reichten fast bis an die Augenbrauen, sodass das gesamte Gesicht an einen der niedrigen Sträucher der eritreischen Hochebene erinnerte. Er mochte etwa im Alter meines Vaters sein, aber sein Gesichtsausdruck war vollkommen anders. Über seine Wangen, entlang seines leicht nach rechts, zu einer verächtlichen oder Abscheu signalisierenden Grimasse verzogenen Mundes, verliefen zwei tiefe Kerben.

Abreha sah mich mit selbstzufriedener Fratze an: »Ich kriege immer das, was ich will«, sagte er fast flüsternd und fuhr fort, mich schweigend zu betrachten. Ich stand unbeweglich vor ihm und erwiderte seinen Blick, um nicht ängstlich auf ihn zu wirken. Er erhob sich, stellte sich mir gegenüber, sein Gesicht nur einige Zentimeter von meinem entfernt, sodass ich seinen strengen Atem und seinen Körpergeruch riechen konnte. Als er erneut zum Sprechen ansetzte, bewegte er kaum die Lippen. »Du wirst ins Militärcamp nach Sawa gehen, sechs Monate Ausbildung werden dir guttun.« Pause. Er wartete meine Reaktion ab, die jedoch ausblieb, und fuhr dann fort: »Es wird heiß sein dort in der Tiefebene, sehr heiß. In den sechs Monaten der Ausbildung wirst du viele Dinge verstehen lernen. Selbstverständlich sind Ausgänge und Urlaube nur für die besten und motiviertesten Rekruten vorgesehen, zu denen du, wie mir scheint, nicht zählen wirst. Aber ich habe gelernt, dass der erste Eindruck nicht immer der richtige sein muss, und dann hängt es immer noch von dir ab …« Ein süßlicher, schmeichelnder Blick, und er kehrte an seinen Schreibtisch zurück. »Du kannst gehen«, schloss er. Er war wieder kalt, gleichgültig. Ekel erregend.

Das Ausbildungslager von Sawa ist eine riesige Kaserne in der eritreischen Tiefebene an der Grenze zum Sudan. Es befindet sich in einem unwirtlichen Gelände, einer halbwüstenartigen Savanne, in der es jemand, der an das gemäßigte, verträgliche Klima der Hochebene gewöhnt ist, nur schwerlich aushält. Das Klima stellte sich sehr schnell als äußerst hart heraus, ebenso das Ausbildungstraining.

In Sawa bereitete Eritrea die Soldaten vor, mit denen die Kriegsfront versorgt wurde. Jede Woche wurden Lastwagen voller junger Männer und Frauen an die Fronten der Tiefebene, an die Grenze zu Äthiopien und auch in die südlichen Berge gekarrt. Von ihnen hörte man nie wieder etwas, es sei denn über Umwege. Das Leben war von ständigem Training bestimmt. Zweimal am Tag wurden wir zu zermürbenden Märschen und Schießübungen in die Wüste geschickt. Man ließ uns rennen, Angriffe oder einen Hinterhalt von Konvois nachstellen, oder man brachte uns bei, wie man sich im umliegenden Gelände tarnte. Abends kamen wir erschlagen vor Müdigkeit zurück und fanden oft nicht einmal nachts Ruhe. Durch überraschende nächtliche Alarme sollten wir lernen, uns so schnell als möglich einsatzbereit zu machen. Oft sandte man uns auch nachts in die Wüste, oder wir mussten uns zur Rucksackkontrolle aufstellen, bei der überprüft wurde, ob wir auch nichts vergessen hätten, was wir während eines Kampfes benötigten.

Hinzu kam eine ständige erzwungene politische Indoktrinierung, eine systematische Gehirnwäsche, die dazu führen sollte, uns davon zu überzeugen, dass die Regierung allein von noblen Absichten geleitet wurde und der Krieg in einem Triumph enden würde, auch wenn Falschmeldungen über Siege und Gebietseroberungen durch tatsächliche Fakten, die alle auf die eine oder andere Weise erhielten, regelmäßig dementiert wurden.

Für die Frauen war das Leben in Sawa auch aus anderen Gründen ein Albtraum. Die Vorgesetzten ermutigten die Soldaten in gewisser Weise, uns gegenüber ein Verhalten anzunehmen, das der sexuellen Belästigung gleichkam, auch wenn dies von offizieller Seite verboten war.

In diesen sechs Monaten wurde ich mir der Schwächen unseres Geschlechts bewusst und aller Diskriminierungen, die wir zu ertragen hatten. Abends hallte im Schlafsaal nicht selten das Weinen der Mädchen wider, die tagsüber durch Schläge oder demütigendes Verhalten erniedrigt worden waren. Andere wiederum nutzten die Situation aus, indem sie sich entgegenkommend zeigten, um Vorteile verschiedenster Art für sich herauszuschlagen. Ich war mir sicher, dass sich in der Kaserne auch Vergewaltigungen und Gewaltvergehen abspielten, aber auch, dass keines der Opfer Anklage erheben würde. Wie wäre das in dieser Situation auch möglich gewesen? Welche Konsequenzen hätte das nach sich gezogen?

Ich trug einen abgenutzten, viel zu großen und langen Tarnanzug, der wahrscheinlich zuvor einem kräftigeren Rekruten gehört hatte. Die Mädchen meines Schlafsaals waren alle mehr oder weniger gleichaltrig. Neuankömmlinge wie ich waren an ihrem unglücklichen, verlorenen Blick leicht auszumachen, die Veteranen hingegen auf unerträgliche Weise unberechenbar. Bald schon verstand ich, dass es besser war, niemandem zu trauen, denn Denunziation stand auf der Tagesordnung.

In Sawa überlebte ich, weil es mir gelang, immer abseits zu bleiben, und – auch dieses Mal – weil die Hoffnung auf eine Flucht und eine bessere Zukunft mit Tesfay mir die nötige Kraft gab. Nach Beendigung der sechsmonatigen Ausbildung wurde mir mein nächster Zielort mitgeteilt: Assab, eine der größten Hafenstädte Eritreas und genau aus diesem Grund auch eines der wichtigsten Angriffsziele Äthiopiens, welches in ihr einen möglichen Zugang zum Meer sah.

9

In der Hölle von Assab

Assab befindet sich genau in der entgegengesetzten Richtung von Sawa, an der Grenze zu Djibouti, in der Wüste von Danakil, einer der heißesten Gegenden der Erde. Ein von der Sonne ausgedörrtes Gebiet, wo Leben fast unmöglich scheint und das von Nomaden, deren Überleben von einigen wenigen Ziegen und Kamelen abhängt, bevölkert wird.

Mich erwartete also ein grauenhafter Ort, wo ich jeden Tag um mein Leben zu kämpfen hatte. Mein einziger Trost bestand in der Tatsache, dass ich auf der Fahrt quer durchs Land nach Assab in Asmara vorbeikommen würde. Während der gesamten sechs Monate in Sawa hatte ich keinen einzigen Tag Urlaub bekommen, und ich verzehrte mich fast vor Sehnsucht, meine Eltern wiederzusehen. Es war ein schmerzliches Treffen von nur wenigen Stunden, einer einzigen Nacht, die wir schlaflos mit Reden verbrachten.

Als ich am nächsten Morgen erneut aufbrach, sagte mir mein Vater, ich könne jederzeit auf sie zählen, zu welchem Schritt auch immer ich mich entschließen würde, und noch einmal gab er mir Geld. Von Asmara bis Assab sind es etwa achthundert Kilometer, und die Strecke führt der Länge nach fast einmal durch das ganze Land, ausgehend von einer Höhe von über zweitausend Metern hinunter bis zum Meeresspiegel. Während dieser langen Reise begriff ich, dass ich meine eigene

Heimat nicht kannte, und wurde mir dessen bewusst, wie privilegiert wir Bewohner von Asmara waren.

Auf der Hochebene, wo Böden und Klima optimale Bedingungen für die Landwirtschaft boten, bearbeitete das Volk auf primitive Weise mit Körperkraft und dem Einsatz von Tieren die Äcker. Ich sah Pflüge, bestehend aus nichts weiter als zwei übereinander gekreuzten Baumstämmen, gezogen von einem Ochsen, an deren Ende ein einfaches eisernes Gerät befestigt war, das den Boden durchfurchte, um den Samen aufnehmen zu können. Diese Bauern besaßen so gut wie nichts. Sie lebten in Dörfern entlang der Hauptstraße, deren intensiver Verkehr ab und an kleine Geschäfte ermöglichte, und tatsächlich drängte sich bei jedem Halt eine Traube von Frauen um den Bus, von denen viele aus einigen dutzend Kilometern entfernten Ortschaften zu Fuß herbeigekommen waren. Ihre Esel waren mit Gemüse, Obst und Getreide beladen, die sie gegen einige Nakfa feilboten. Es waren arme Frauen mit schwieligen Händen und hageren Gesichtern, die zwanzig Jahre älter wirkten, als sie eigentlich waren, und nicht selten hatten sie wenige Monate alte Kinder auf ihren Rücken gebunden.

Die Frauen berührten mich, ich hätte sie gerne umarmt und spürte auf unerklärliche Weise ein starkes Verlangen nach meiner Mutter, danach, mit ihr zu sprechen, meine Gefühle mit ihr auszutauschen. Auf den Feldern sah man weitere Frauen und wenige, bereits ältere Männer bei der Arbeit. Der Grund dafür war offensichtlich: Der Krieg hatte sich die kräftigsten Arbeiter, die jungen Menschen, geholt. Ein weiteres Mal dachte ich an all das Leid, das unser Volk auf Grund unsinniger Entscheidungen zu erdulden hatte – Entscheidungen, getroffen von jenen, die in die Regierung gewählt worden waren in der Hoffnung, endlich Wohlstand zu erlangen. Ich dachte auch daran, dass eine zweiundzwanzigjährige junge Frau wie ich in einer solch abgelegenen Gegend bereits mindestens zwei Kinder aufziehen würde und einem Leben ohne Perspektive entgegensah, in dem sich jeder Tag von neuem zwischen Feldarbeit, Kindern und Haushalt abspielte.

Je weiter der Bus hinab in die Tiefebene kam, desto spärlicher wurde die Vegetation. Die Hitze war drückend. Innerhalb kürzester Zeit befanden wir uns inmitten der Wüste. Die Straße verlor sich in der unendlichen Weite aus ockerfarbener Erde, hier und dort unterbrochen von kegelförmigen Lehmhütten, die in kleinen Ansammlungen um wenige Ziegen und Kamele gruppiert waren, welche sich um das armselige Grün vertrockneter Sträucher stritten.

Die Bevölkerung war auf völlig andere Weise gekleidet als jene der Hochebene: Die Frauen trugen anstatt des einfachen *luwiet* weite Gewänder, die sie oft von Kopf bis Fuß, das Gesicht mit eingeschlossen, umhüllten und nur die Augen frei ließen. Ich fragte mich, ob diese Bekleidung etwas mit der islamischen Religion zu tun hatte, welcher die Bevölkerung der Danakil-Wüste angehörte, oder vielmehr aus der Notwendigkeit heraus entstanden war, sich vor dem Wüstensand zu schützen, den die heißen Windböen aufwirbelten und der durch die Kleider bis auf die Haut, in die Augen und in die Nase drang. Auch die Männer sahen alle gleich aus: Zu einem weißen Turban, der den Kopf umhüllte und von einem Stoffstreifen unter dem Kinn gehalten wurde, trugen sie eine weite weiße Tunika. So schleppten sie sich, gebückt unter der sengenden Sonne, hinter einem Esel oder einem Kamel her.

Auf der Fahrt durch diese unwirtliche Gegend fragte ich eine Frau, die den Weg schon einmal gemacht hatte, wie weit es noch bis nach Assab sei.

»Etwa zwei Stunden noch«, antwortete sie. »Zuerst müssen wir noch durch die Wüste«, antwortete sie.

»Aber ist nicht das hier bereits die Wüste?«, fragte ich verwirrt.

»Nein, du wirst schon sehen …«

Ich war sprachlos. Assab befand sich ausgerechnet am unwirtlichsten Ort der Welt. Warum musste gerade ich dort enden, so nah an Krieg und Tod?

Als ich bei meiner Ankunft unter den auf dem Exerzierplatz angetretenen Rekruten aufgerufen und in ein Büro geführt wurde, sollte ich darauf eine Antwort erhalten.

Drinnen erwartete mich General Abreha.

10

In den Klauen des Generals

»So sieht man sich wieder, Feven.« Mit leerem, von einem Ausdruck der Genugtuung überzogenem Gesicht starrte er mich mit seinen kleinen dunklen Augen an.

Nur mühsam gelang es mir, mich nach dieser unangenehmen Überraschung zu fangen und Gleichgültigkeit vorzutäuschen. Ich schwieg, blieb aber auf der Hut.

»Der Zufall will es, dass wir beide dieser Kaserne zugewiesen wurden«, fuhr der General fort. »Als ich erfahren habe, dass du auch kommst, habe ich mich an deine Ausbildung erinnert und mir gedacht: Das ist genau die Person, die ich brauche. Ich benötige eine Sekretärin, jemanden, auf den ich mich blind verlassen kann. Diese Arbeit würden viele gern machen, musst du wissen, aber ich habe darauf bestanden, dass die Wahl auf dich fällt. Du weißt ja, ich bekomme immer das, was ich will.«

Nun war ich endgültig verloren, ohne Aussicht auf Rettung, schoss es mir durch den Kopf. Doch ich ließ mir nichts anmerken. Abreha erhob sich und ging auf eine seitliche Tür zu, die er öffnete. »Komm.«

Ich erschrak. Dieser Mann war zu allem fähig, und ich wusste, dass niemand je den Mut haben würde, ihn wegen unkorrekten Verhaltens, einer Gewalttat oder anderer unrechtmäßiger Handlungen anzuklagen. Aber mir blieb keine andere Wahl, als ihm zu gehorchen.

Er schien meine Gedanken zu erraten. »Keine Angst, ich will dir nur zeigen, wo du arbeiten wirst«, sagte er und führte mich in einen kleinen Raum, der keinen anderen Ausgang besaß. Drinnen erkannte ich ein Fenster, einen verrosteten, eisernen Schreibtisch, auf dem eine alte, von einem Tuch bedeckte elektrische Schreibmaschine thronte, und in einer Ecke, auf einem der Bretter eines Regals, einen alten Ventilator.

»Das ist dein Büro«, sagte Abreha zufrieden. »Immer noch besser, hier zu arbeiten, als Wache zu stehen, durch die Wüste zu marschieren, die Toiletten zu putzen oder den Hof zu fegen, oder etwa nicht?«

Ich nickte schweigend.

»Du kannst jetzt gehen. Bis morgen, Feven.«

Glücklicherweise war Abreha häufig abwesend, und so verbrachte ich in diesem Raum viel Zeit allein. Seine Anweisungen waren klar und deutlich formuliert: Ich sollte die Zahl der in der Kaserne anwesenden Soldaten regelmäßig auf den aktuellsten Stand bringen und jene notieren, die aus Krankheits- oder Urlaubsgründen abwesend waren. Obendrein hatte ich über jeden einzelnen Soldaten genaue Informationen einzuholen, wie etwa über seine Familie, und jeden Schritt seiner Verwandten zu überwachen. Außerdem musste ich in ein entsprechendes Register alle Verlegungen eintragen, sowohl die jener Soldaten, die an andere Stützpunkte versetzt wurden, als auch die internen von einem Arbeitsbereich zu einem anderen. General Abreha wollte alles und jeden unter seiner Kontrolle wissen und zeigte sich dabei unbeugsam. Immer wenn er ins Büro kam, verbrachte er Stunden um Stunden mit der Überprüfung der von mir angelegten Listen und verglich sie mit den vorangegangenen, um die Geschichte selbst des unbedeutendsten Soldaten nachzuvollziehen.

Zu meinen Aufgaben zählte auch die Erledigung der Korrespondenz mit anderen Kasernen und der Kommandozentrale in Asmara, im Großen und Ganzen also keine intellektuelle Arbeit, rein praktische Routineaufgaben, die ich gewissenhaft zu erledigen versuchte. Wirklich wichtige Angelegenheiten gingen nicht durch meine Finger, denn um die geheime Korrespondenz oder entscheidende Fragen kümmerte sich Magda, eine ältere Soldatin, die mir Abreha als meine unmittelbare Vorgesetzte vorgestellt hatte. Jene Frau, die sich fast nie im Büro aufhielt, war im Alter zwischen vierzig und fünfundvierzig Jahren und von äußerst mürrischem Charakter. Zu Beginn hatte ich mich bemüht, Freundschaft mit ihr zu schließen, doch vergeblich. Immer wenn ich sie zusammen mit Abreha sah, kam sie mir völlig unterwürfig vor; in seiner Gegenwart wurde aus der unnahbaren, spröden Magda eine umgängliche, gezierte Person, selbst wenn der General sie mit Überheblichkeit behandelte und sie nicht weiter beachtete. Sie bereitete ihm den *ciai* zu und brachte ihm die Mahlzeiten ins Büro. Oft fand ich morgens auf dem Schreibtisch des Generals ein Paket mit einer gebügelten Uniform und seiner gewaschenen Unterwäsche. Magda hatte die Sachen dort hingelegt, die für mich stets das Zeichen waren, dass er an diesem Tag – leider – ins Büro kommen würde.

Meine Bettnachbarin im Schlafsaal hieß Abeba, eine junge Frau aus Keren. Sie war der Wartung der Fliegerabwehrbatterien zugewiesen worden, die an verschiedenen Plätzen rund um das weitläufige Kasernengelände in Stellung gebracht worden waren. Mit ihr plauderte ich vor dem Einschlafen ein wenig über den vergangenen Tag. Abeba war bereits um einiges länger als ich in Assab, und ich traute mich noch nicht, persönlichere Themen anzusprechen. Dennoch war ich sehr neugierig, was Magda betraf, und eines Abends erwähnte ich ihren Namen. Abeba lachte auf, setzte sich auf den Rand ihres Feldbettes und meinte, diese Frau sei lächerlich und ihre absolute Treue gegenüber Abreha absurd und unverständlich. Aber noch unverständlicher war ihr das Vertrauen des Generals in sie.

»Sie spioniert überall herum und gibt jedes nur mögliche Detail über die Soldaten an den General weiter, wobei sie auch Vergehen einfach selbst dazudichtet. Das Schlimmste daran ist, dass er die Soldaten bestraft, ohne die Richtigkeit der Anschuldigungen zu überprüfen. Versuch bloß nicht, dich bei ihr einzuschmeicheln, sie will nur Abreha zufrieden stellen, indem sie ihm eine gewisse Anzahl von Personen zum Bestrafen nennt, um die Disziplin aufrechtzuerhalten. Eigenartig jedoch ist, dass Magda während des Befreiungskrieges eine tapfere Soldatin war, immer an der Seite ihres Idols Abreha.«

Abreha hatte in der Kaserne ein Terrorregime eingeführt, mit täglichen öffentlichen und äußerst harten Bestrafungen. Weniger schwere Vergehen wurden mit der Strafzelle geahndet, einem Loch, in dem man nicht aufrecht stehen konnte und in das gerade eine winzige, schief stehende Pritsche passte. Der Gefangene musste Tag und Nacht halb liegend darin ausharren, ohne etwas anderes zu sich zu nehmen als altbackenes Brot und ungezuckerten *ciai*: Nach ein paar Tagen wurde er, abgemagert und halb ohnmächtig, aus der Zelle entlassen und auf den Exerzierplatz geführt, wo er dem Spott von Abreha und seinen Offizieren ausgesetzt war. Schwere Vergehen wurden auf noch erniedrigendere und härtere Art bestraft, etwa indem ein Soldat gezwungen wurde, barfuß, nur in Unterhose auf dem Exerzierplatz bis zur Erschöpfung hin und her zu rennen, während die ganze Truppe um ihn herum ihn beschimpfte. Diese Bestrafung konnte mehrmals am Tag wiederholt werden oder auch mehrere Tag am Stück. Andere »Schuldige« wiederum wurden zu tagelangem Wachdienst auf einem Schilderhaus verdammt. Urlaub oder Ausgang zu erhalten war so gut wie unmöglich, und für uns Mädchen war die Kaserne natürlich ein Ort der Erniedrigung fast immer sexueller Art. Nicht zufällig waren die schwersten Bestrafungen uns vorbehalten. Offiziell wurden Soldatinnen wegen Regelverstößen bestraft, in Wahrheit jedoch, wenn sie versuchten, sich dem Missbrauch zu widersetzen oder aufzubegehren.

In den ersten Wochen dachte ich, meine Büroarbeit würde mich von alldem fernhalten, und ich fragte mich nach dem Grund für diese Sonderbehandlung durch Abreha. Bis zu diesem Moment hatte er sich mir gegenüber korrekt verhalten, auch wenn sein Offiziersgehabe allen Grund dazu gab, ihn zu verachten. Ins Büro war er nur selten gekommen, und wenn, dann setzte er sich an seinen Schreibtisch, ohne meinen Gruß zu erwidern, überflog die Dokumente, wechselte ein paar Worte mit der emsigen Magda, die immer in Reichweite stand, und ging wieder. Dann jedoch passierte etwas, was die Situation schlagartig veränderte.

Eines Tages war Magda aus dem Büro gelaufen, nachdem sie zuvor mit ungewöhnlicher Härte von Abreha behandelt worden war. Zwei Stunden lang geschah zunächst nichts, dann rief mich der General zu sich. »Mach mir noch mehr *ciai*«, befahl er mir in rüdem Ton. Es missfiel mir, Magdas Aufgabe zu übernehmen, die eigentlich nicht in meinen Bereich fiel, aber ich musste gehorchen, und so nahm ich die Karaffe. Draußen begegnete ich Magda, die verstört wirkte. Sie hatte geweint. Als sie sah, dass ich die Teekanne in der Hand hielt, warf sie mir einen hasserfüllten Blick zu. Ich hätte gerne alles erklärt, wollte ihr sagen, dass ich nicht die Absicht hatte, ihren Platz einzunehmen, aber sie drehte sich mit einem Ruck um und entfernte sich.

Ohne dass ich es ahnte, besiegelte diese Teekanne in meiner Hand mein Schicksal.

11

Eine abschreckende Strafe

An den Zwischenfall mit Magda dachte ich in den nachfolgenden Tagen kaum, denn Abreha hatte höchste Alarmstufe ausgerufen – ein eindeutiges Zeichen dafür, dass die Kriegsgeschicke nicht zu Gunsten Eritreas standen. Fliegeralarme standen inzwischen auf der Tagesordnung, und wir alle gewöhnten uns schließlich an die Möglichkeit einer bevorstehenden Bombardierung durch die äthiopische Luftwaffe.

Eine weitere, meine Zukunft womöglich entscheidende Begebenheit sorgte dafür, dass ich Magdas Launen vergessen sollte. Durch Zufall bekam ich eine Unterhaltung zwischen Abreha und einem anderen Soldaten mit, in dem es um gefälschte Passierscheine ging, die Musie, ein Abreha nahe stehender Offizier, ausgestellt hatte. Von diesem Moment an dachte ich an nichts anderes mehr, als wie ich dieser Sache nachgehen und mir diese Information zu Nutze machen könnte, um mir selbst einen dieser wertvollen gefälschten Passierscheine zu besorgen und aus Assab zu fliehen. Nach einigen Überlegungen kam ich zu dem Schluss, dass dieses Gerücht möglicherweise stimmte: Musie stand der zentralen Kompanieschreibstube vor, dem Büro, das den Soldaten Dokumente für den Kasernenaus- und -eingang ausstellte, ihm standen also Stempel und mit Briefkopf versehenes Papier zur Verfügung, welche ein Dokument erst gültig machten. Mit diesem Zusatzgeschäft musste Musie eine Menge verdienen. Wie viel würde ein solches Dokument wohl kosten? Würden die dreihundert Dollar meines Vaters ausreichen, die er mir vor meiner Abreise nach Assab gegeben hatte?

Weitere Überraschungen sollten noch folgen. Am Morgen, nachdem ich die Sache über Musie erfahren hatte, sah ich mich einem weitaus dringlicheren Problem gegenübergestellt: Abreha begann, mir nachzustellen. Tagelang versuchte er auf jede erdenkliche Weise, mit mir allein zu sein, sprach mit mir abwechselnd in schmeichelndem oder bedrohlichem Ton, um mich zu überreden, seinem Drängen gegen eine Sonderbehandlung in Assab nachzugeben. Eines Morgens ging er sogar so weit, mich anzufassen und zu versuchen, meine Bluse aufzuknöpfen. Wurden seine Annäherungsversuche nicht durch das Erscheinen einer weiteren Person unterbrochen, so war es mir zum Glück bisher immer gelungen, ihm zu entwischen, aber ich wusste, dass dies nicht auf ewig so weitergehen konnte. Jedes Mal, wenn Abreha sich geschlagen geben musste, grinste er, und in seinen dunklen Augen schimmerte ein lüsterner Glanz. »In Ordnung, Feven. Aber du weißt, ich bekomme immer das, was ich will.« Seine Annäherungsversuche, das wusste ich, würden immer aufdringlicher werden. Wie lange würde ich durchhalten können?

Ich betete zu Gott, er möge mir einen Weg zeigen, als Er mir eines Tages ein kleines Zeichen sandte, das mir Anlass bot, an meine Rettung zu glauben.

Eines Morgens rief mich Abreha in sein Büro. Bei ihm war Musie. Abreha teilte mir mit, ich müsse in Zukunft nicht mehr auf die Berichte der Schreibstube warten.

»Du wirst sie ab nun jeden Tag selbst ausfüllen und in den Büroräumen von Oberst Musie abholen. Das ist eine Arbeit von einer halben Stunde; anschließend kommst du hierher zurück, zu mir.« Sein Blick wurde verschlagen. »Du weißt, ich kann nicht auf dich verzichten, du bist unersetzlich in diesem Büro ...«

Dann wandte er sich an Musie. »In Ordnung? Wenn du zu wenig Männer hast, kannst du dir damit einen halben Vormittag freimachen. Das ist alles, was ich für dich tun kann.«

Ich jubelte im Stillen. Auf eine solche Gelegenheit hatte ich gewartet. Ich würde jeden Vormittag dem Mann begegnen, der mir womöglich zur Flucht verhelfen würde. Ich dachte an die dreihundert Dollar, die ich eingenäht in einer Tasche unter meiner Bluse trug. Vorausgesetzt, sie würden mir helfen ...

Inzwischen war jedoch der Moment gekommen, da ich erfahren sollte, wozu Magda wirklich fähig war – eine schmerzliche Lektion.

Eines Tages, während der gemeinsamen Dusche von uns Soldatinnen, einer der entspanntesten und lustigsten Momente zwischen uns Mädchen in der Hölle des Kasernenlebens, beschuldigte mich Magda des Diebstahls der Uhr einer anderen Soldatin. Sie tat dies mit solchem Geschick, dass man die Uhr bald darauf auf dem Fensterbrett des Duschraums fand, wo ich mich kurz zuvor gewaschen hatte. Die Bestohlene stürzte sich auf mich. Ich konnte ihr rechtzeitig entwischen, doch sie rutschte auf dem nassen Boden aus und blieb mit einer schlimmen Armverletzung am Boden liegen.

Während sie unter Magdas zufriedenem Blick in die Krankenstation gebracht wurde, bombardierte sie mich mit wilden Beschimpfungen, und niemand der anderen wollte meinen Unschuldsbezeugungen Glauben schenken. Trotzdem beging ich den Fehler anzunehmen, die ganze Sache werde hierbei belassen. Ein schicksalhafter Fehler. Zwei Tage später verurteilte mich Abreha, nachdem er eine weitere Zeugenaussage Magdas gegen mich angehört hatte, zu der schlimmsten Strafe, die jemals in Assab verhängt worden war, und ließ mich sechs Stunden an den Pfahlzaun binden, der den Truppenübungsplatz der Kaserne umgrenzte. Sechs Stunden unter der gleißenden Sonne, von Mittag bis sechs Uhr abends, ohne Essen und Trinken.

Magda hatte einen Weg gefunden, sich dafür zu rächen, von mir verdrängt worden zu sein. Mich hätte es das Leben kosten können.

12

Die Ausgangsbewilligung

Ich überlebte. Ich überlebte die Sonnenstrahlen, welche nach wenigen Minuten zu messerscharfen Klingen wurden, die meinen Körper durchschnitten; die blendenden Lichtreflexe auf der weißen Bodenkrume, die mir fast sofort das Augenlicht nahmen; den quälenden Durst; die unglaubliche Hitze, die meinen Körper verbrannte; das Grauen dieser Marter, das kein menschliches Wesen verdient hatte. Ich überlebte. Ohnmächtig, dehydriert, fiebrig, matt, aber am Leben, wurde ich zurück in den Schlafsaal getragen.

Als ich auf meinem Feldbett wieder zu mir kam, zitterte ich vor Kälte. Abeba saß auf der Bettkante und gab mir zu trinken. Kleine Schlucke, die mich nach und nach wieder zum Leben erweckten. Ich war sehr schwach und verbrachte die Nacht in einem ständigen Trancezustand, gequält von dem Drang, mich entleeren zu müssen, doch unfähig, mich auf den Beinen zu halten. Nach einigen verzweifelten Versuchen gelang es mir schließlich, mich bis zu den Toiletten zu schleppen. Ein kleiner Sieg, der mir Mut machte. Nun war ich mir sicher: Ich hatte es geschafft. In jenem Moment beschloss ich, am Morgen ins Büro zu gehen, um Abreha die Freude über meine Niederlage zu verderben. Ich würde hingehen, übel zugerichtet, mit Kopfweh, schwach, aber ich würde gehen.

Als ich bei Sonnenaufgang erwachte, sah ich eine lächelnde Abeba. Ich dankte ihr für ihren Beistand und gestand ihr dann, was mich bedrückte: »Ich habe die Uhr nicht gestohlen, und ich habe dieses Mädchen auch nicht zum Stolpern gebracht, Abeba. Glaubst du mir?«

Sie antwortete mir mit einem Zynismus, der mich verletzte. »Welche Bedeutung hat das schon, ob ich dir glaube oder nicht, Feven? Wenn du es getan hast, dann, weil du gute Gründe dazu hattest. Wir sind hier alle Kriminelle.« Sie lächelte und streichelte mich, während sie das sagte, wodurch sie den Worten ihre Härte nahm.

»Ich will fliehen, Abeba. Musie verkauft Ausgangsbewilligungen, stimmt's?«

Sie zögerte, nickte dann. »Ja, aber erwähne niemals meinen Namen, Feven, ich bitte dich.«

»Mach dir keine Sorgen.«

Ich verstand selbst nicht, wie ich es bis ins Büro schaffte, denn die Nachwirkungen der Sonneneinstrahlung dauerten noch an: Ich hatte Fieber, mein Kopf drehte sich wie ein Karussell, ich hatte weiche Knie und konnte kaum das Gleichgewicht halten. Als ich die Tür zur Schreibstube öffnete, fand ich Musie allein im Büro vor. Zufall? Ein Wink des Schicksals? Ich weiß es nicht, aber ich spürte, dass ich diese vielleicht einzige Gelegenheit ergreifen musste. Getrieben von der Verzweiflung und einer durch meinen geschwächten physischen Zustand hervorgerufenen Besinnungslosigkeit, beschloss ich, alles auf eine Karte zu setzen.

»Ich brauche einen Passierschein«, sagte ich.

Musie tat so, als habe er nichts gehört. Er musterte mich, dann fragte er: »Du bist schon wieder auf den Beinen, nachdem was dir gestern passiert ist, Feven? Du hast eine starke Natur. Dich in einem Büro einzuschließen ist wirklich eine Verschwendung.«

»Ich brauche einen Passierschein«, wiederholte ich, nun schon entschlossener, und schaute ihm direkt in die Augen. Ich wollte, dass er begriff, dass ich Bescheid wusste.

Musie schwieg lange, doch er hielt meinem Blick stand. Dann sagte er das, was ich hören wollte. »Das kostet zweihundert Dollar, Feven. Hast du die?«

Ich nickte.

»Bis wann brauchst du ihn?«

»Jetzt gleich.«

»Gut, geht in Ordnung. Abreha wird drei Tage fort sein. Ich bringe dir die Genehmigung heute ins Büro, und du gibst mir das Geld. Morgen früh musst du zeitig verschwinden. Um sieben fährt ein Bus, den darfst du nicht verpassen. Ich lasse das Gitter vom Lagerraum offen, dort kannst du raus. Ohne Abreha werden sie erst morgen Abend anfangen, nach dir zu suchen, und wenn du diesen Bus erwischst, bist du zu dem Zeitpunkt schon weit weg. Es liegt auch in meinem Interesse, dass deine Flucht gelingt, aber wenn sie dich kriegen, erwähne auf keinen Fall meinen Namen, sonst wirst du dafür büßen. Ich könnte einfach behaupten, du wärst oft hier in diesem Büro gewesen und hättest die Gelegenheit dazu benutzt, dir selbst einen falschen Urlaubsschein auszustellen, aber ich will keine Unannehmlichkeiten. Klar?«

Ich nickte noch einmal. Ich zitterte. Vor Schwäche, aber auch vor Aufregung.

Wenige Stunden später hielt ich den Urlaubsschein in meinen Händen. Zwei Tage darauf entwischte ich bei

Sonnenaufgang lautlos durch das Gitter des Lagerraums. Um sieben brachte mich der Bus weit weg von Assab. All das war so schnell gegangen, dass ich es noch nicht begreifen konnte, und während meiner Fahrt Richtung Südwest dachte ich, ich sei der Hölle entkommen. Die wahre Hölle befand sich jedoch an einem ganz anderen Ort – und sie erwartete mich bereits.

»Der Passierschein ist gefälscht.« Angst ergriff mich. Meine Beine begannen zu schlottern, und ich hoffte, meine Stimme würde nicht zittern, als ich dem alten Offizier antwortete: »Nein. Er ist in Ordnung. Ich bin hier, um Verwandte zu besuchen.«

Ich befand mich in Teseney, an der eritreischen Grenze zum Sudan. Ich war hierher gekommen, weil ich bereits im Lager von Sawa davon gehört hatte, dass man, wollte man fliehen, zunächst nach Teseney müsse, um dort unter der arabischen Bevölkerung nach den passenden Leuten zu suchen, denn der Menschenschmuggel befand sich in arabischer Hand.

Beim Vorstoß der Kampflinie würde diese Stadt das erste bedeutende Zentrum sein, auf das die Äthiopier treffen würden, und auf Grund ihrer grenznahen Lage bedeutete sie für alle Deserteure der südwestlichen Front einen Fluchtweg. Dies erklärte, warum Teseney von Militärs nur so wimmelte. Einige Stunden vor meiner Ankunft hatte ich meinen Passierschein und meine Dokumente bereits mindestens zehnmal vorzeigen müssen, und jedes Mal war er mir mit einem gewissen Argwohn zurückgegeben worden. Was hatte eine junge Frau im Wehrdienstalter hier, weit weg von ihrem

Wohnort Asmara und der Kaserne in Assab, am entgegengesetzten Ende des Landes, zu suchen? Die Vermutung einer Flucht außer Landes lag nur allzu nahe.

Der ältere Offizier, der mich festgehalten hatte, als ich auf der Suche nach einem Schlafplatz gewesen war, schien allerdings weniger nachsichtig zu sein als seine Kollegen. Ratlos drehte er meinen Passierschein in den Händen, dann richtete er plötzlich seine Augen auf mich, als würde er mich auf frischer Tat ertappen. Ich versuchte, klar zu denken: Das Dokument, das Musie unterzeichnet hatte, war in jeglicher Hinsicht einwandfrei, was auch das Zögern des Offiziers bestätigte. Ich musste nur auf meiner Version beharren, dann würde schon alles klappen.

Während ich mit allen Mitteln meine Angst zu beherrschen versuchte, traf der Offizier eine Entscheidung: »Nun gut, die Genehmigung bleibt bei mir. Morgen kannst du sie dir in der Hauptkaserne abholen. In Begleitung der Verwandten, die du hier besuchst.«

Ich war verloren, doch ich nickte.

»Bis morgen also«, wiederholte er und ging davon.

Ohne diese Genehmigung konnte ich rein gar nichts machen, nicht einmal die Stadt verlassen. War es möglich, dass hier bereits alles endete, noch bevor es begonnen hatte? War es möglich, dass die Freiheit für mich ein Wunschtraum bleiben sollte? Lange Zeit streunte ich bangend ziellos durch die Gassen von Teseney und setzte mich schließlich auf eine niedrige Mauer, um nachzudenken. Was sollte ich tun? Ich fühlte mich geschlagen. Und dann kam sie mir, die geniale Idee. Sie fiel mir ganz plötzlich, auf unerklärliche Weise, ein, während ich an Assab dachte, an die Arbeit im Büro, an die Akten mit den Namen aller Soldaten. Dutzende, hunderte von Namen. Es musste doch zumindest einer darunter sein, der … Ja! Johannes Tessey aus Teseney. Ich erinnerte mich gut an ihn, denn er war der einzige Soldat aus diesem entlegenen Teil des Landes. Es kostete mich nicht viel Mühe, seine Familie zu finden, denn in Teseney kannte jeder jeden.

Im Haus des Soldaten Tessey lebten seine bereits betagten Eltern. Ich stellte mich ihnen mit einer kleinen Lüge vor. »Guten Tag. Ich bin eine Soldatin aus Assab. Ihr Sohn schickt Ihnen herzliche Grüße.«

Ich wurde äußerst warmherzig empfangen. Die beiden Alten erklärten mir, sie würden um Johannes, ihren jüngsten Sohn, sehr bangen und wären daher überaus dankbar für meinen Besuch. Als ich ihnen sagte, dass ich einen Schlafplatz suchte, boten sie mir eine Ecke in der Küche an. Ich nahm ihr Angebot dankend an, und die Mutter von Johannes beeilte sich, ihr Bestes zu tun, um mir ein köstliches Abendessen aufzutischen. Ich beantwortete die tausend Fragen zu ihrem Sohn, an den ich mich nur wage erinnerte, und dem Kasernenleben in allen Einzelheiten und sagte, Johannes gehe es gut, er habe oft von seinen Eltern erzählt. Die Wahrheit über das absonderliche Leben in Assab verschwieg ich. Diese beiden warmherzigen, freundlichen Alten verdienten es nicht, in Furcht zu leben. In ihrer Anwesenheit fühlte ich mich sofort wohl und heimisch. Ihr Zuvorkommen mir gegenüber beruhte nicht allein auf der Tatsache, dass ich ihnen Neuigkeiten ihres geliebten Sohnes brachte, sondern auch auf diesem wunderbaren Wesenszug, der unserem von Natur aus großzügigen und hilfsbereiten Volk so eigen ist.

Die Alten schienen meine Worte regelrecht aufzusaugen. Schließlich stand Johannes' Mutter auf, um eine Fotografie herbeizuholen, welche ihr Sohn einige Monate zuvor geschickt hatte: ein Gruppenfoto auf dem Exerzierplatz der Kaserne von Assab. Die Frau zeigte mir Johannes, der lächelnd in der Reihe stand, und ich starrte auf dieses Stück Pappe, das für sie fast einer Reliquie gleichkam. Die Frau gestand mir, sie und ihr Mann hätten das Foto wieder und wieder angeschaut, um in den einzelnen Details die Momente des Alltags ihres Sohnes an diesem so weit entfernten Ort zu ergründen. Plötzlich erinnerte ich mich, dass auch ich vor einiger Zeit für ein solches Gruppenfoto posiert hatte. Vielleicht war es ja dasselbe. Tatsächlich. Auch ich war darauf zu sehen. Der Zufall wollte es, dass ich ganz in der Nähe von Johannes, eine Reihe vor ihm, stand, sodass es wirkte, als schaue er von oben auf mich herab. Ich machte die beiden Alten darauf aufmerksam, und wir lachten. Gerührt legte Johannes' Mutter eine Hand auf meine. Auch ich war den Tränen nah, aber ich schluckte sie hinunter.

Das, was schließlich folgte, passierte, ohne dass ich mir selbst darüber im Klaren gewesen wäre. Der Instinkt und das Gefühl der Sicherheit, das ich verspürte, überzeugten mich davon, mich den beiden liebenswerten Alten anzuvertrauen, zum ersten Mal nach so vielen Lügen und Schweigen mein Herz zu öffnen. Und so erzählte ich ihnen die Wahrheit. Ich erklärte ihnen, dass ich mit einem gefälschten Passierschein hier sei und in den Sudan flüchten wolle. Die beiden schwiegen bestürzt.

Eine angespannte, peinliche Stille schwebte im Raum, dann sprach Johannes' Vater mit einem ruhigen und sanften Tonfall zu mir, der mich an meinen Vater erinnerte. »Feven, wenn die Lage in Assab so ruhig und sicher wäre, wie du sie uns beschrieben hast, würdest du dich nicht in ein solch riskantes Abenteuer stürzen. Ich verstehe, warum du das getan hast. Und ich danke dir, dass du uns alles gesagt hast.«

Ich konnte sie nicht in der Überzeugung zurücklassen, das Leben in Assab sei für alle eine Hölle, also auch für ihren Sohn, und so versuchte ich, sie davon zu überzeugen, dass nur für mich die Dinge schlecht gelaufen waren – auf Grund einer Rivalität, die ich nicht beabsichtigt hatte, auf Grund eines Offiziers, der mir nachstellte, auf Grund … Ich versuchte, alles zu erklären, alles zu erzählen, was mir passiert war, aber ich merkte schon bald, dass es sinnlos war. Mit der Weisheit des Alters hatten die Eltern von Johannes die Wahrheit begriffen.

»Feven, du kannst auf uns zählen«, versprach Johannes' Vater. »Wir werden unser Möglichstes für dich tun, so wie wir es für unseren Sohn tun würden. Gerade weil er aus Teseney stammt, wird er nie eine Urlaubsgenehmigung erhalten, um uns zu besuchen, auch wird er nie fliehen können. Wir helfen dir, denn eines Tages, wenn er in Not ist, wird vielleicht auch ihm jemand helfen. Außerdem verdienst du unsere Hilfe, denn du bist ein tüchtiges Mädchen.«

Als wolle sie die Worte ihres Mannes unterstreichen, reichte mir die Mutter von Johannes einen Teller mit Gebäck. »Nimm, Liebes …«

Gerührt und dankbar brach ich in Tränen aus. Die Frau nahm mich in die Arme, hielt mich einen Moment lang fest und riet mir dann, mich schlafen zu legen.

»Morgen gehen wir zusammen mit dem Foto zu dem Offizier, der deine Genehmigung einbehalten hat«, sagte Johannes' Vater. »Wir sind die Verwandten, die du besuchen solltest, und das Foto ist der Beweis dafür. Wir werden sagen, dass du für einige Tage bei uns bleiben wirst und dann nach Assab zurückkehrst. So bekommst du deine Bewilligung zurück, welche dir bei der Vorbereitung deiner Flucht hilfreich sein wird. Ich werde inzwischen jemanden auftreiben, der dich über die Grenze bringt. Ich weiß, an wen ich mich wenden muss. Wenn nötig, verstecken wir dich solange bei uns. Hab keine Angst, Feven, es wird alles gut gehen.«

Seine Ehefrau hatte währenddessen in der Küche ein *angareb*, das für die eritreische Tiefebene typische Holzbett, hergerichtet. Sie umarmte mich erneut, löschte dann die Gaslampe und wünschte mir eine gute Nacht. Ich lag im Dunkeln in diesem armseligen Haus, gerührt von den beiden Alten, die ihr Leben mithilfe eines kleinen Gemüsebeets und eines Esels, eines Kamels und einiger Ziegen gefristet hatten. Monate später, als ich mich bereits außerhalb Eritreas in Sicherheit befand, erfuhr ich, dass die äthiopische Armee die südwestliche Front durchbrochen hatte und bis nach Teseney vorgerückt war, wo sie die Stadt in Schutt und Asche gelegt, die Ernte zerstört, die Felder verbrannt und die Brunnen vergiftet hatte. Ich habe nie erfahren, was aus den Eltern von Johannes geworden ist, aber ich werde ihnen auf immer dankbar sein.

Tags darauf begleiteten sie mich zur Kaserne und sprachen selbst mit dem Offizier, der mich festgehalten hatte. Jener, überzeugt von ihren Worten und der Fotografie, händigte mir meinen Passierschein wieder aus.

Anschließend gelang es Johannes' Vater, Kontakt zu der Organisation aufzunehmen, die einen Führer bereitstellen konnte, welcher die Flüchtlinge auf einem Pfad durch die Wüste bis in den Sudan, in die Stadt Kassala, bringen würde. Die Kosten dafür beliefen sich auf dreihundert Dollar, und die Reise würde in zwei Wochen beginnen. Die noch verbleibende Zeit wohnte ich bei den Eltern von Johannes, die mich wie ihre eigene Tochter behandelten.

13

Tesfalem: ein Freund

Am vereinbarten Tag begleitete mich Johannes' Vater hinaus aus Teseney in ein Gebiet, in dem die militärische Überwachung etwas gelockert worden war. Während ich an seiner Seite ging, hörte ich ihn, auf seinen Stock gestützt, schwer atmen. Auch die Tatsache, dass er mich begleitete, war ein Beweis seiner Zuneigung mir gegenüber. Die letzte liebenswürdige Geste eines Landsmannes, bevor ich Eritrea für immer verließ.

Wir hatten Anweisung erhalten, an der Weggabelung nahe eines kleinen gemauerten Gebäudes zu warten. Nach wenigen Minuten trat jemand aus dem Haus und gab uns ein Zeichen, näher zu treten. Als erlebte ich erneut die Szene meiner Flucht aus Asmara, erblickte ich im Inneren des Hauses drei Jungen, die auf einer Bank saßen, sowie einen Mann, der in einer Ecke an einem kleinen Gaskocher hantierte. Der Mann, der uns herbeigewinkt hatte, verlangte sofort das vereinbarte Geld, zählte es, steckte es zufrieden in seine Tasche und sagte zu Johannes' Vater, er könne jetzt gehen.

Ich blickte den alten Mann an, der mich, auf seinen Stock gestützt, bis hierher begleitet hat und verspürte plötzlich eine unendliche Verbundenheit. Er lehnte seine Gehstütze an die abgebröckelte Wand und streckte mir beide Arme entgegen. Ich hüllte mich in seine Umarmung und schmiegte mein Gesicht an seine Brust. »Auf Wiedersehen, meine Tochter«, flüsterte er.

Ich hätte so unendlich viele Dinge zu sagen gehabt: dass ich ihn gern hatte, dass ich aus ganzem Herzen hoffte, sein Sohn möge bald gesund und munter zu ihm und seiner Frau zurückkehren, dass wir uns wiedersehen würden, dass ich ihm gerne meine Eltern vorstellen würde, aber aus meinem Mund kam nur ein »Danke, danke für alles«, ohne dass ich mich dabei aus seiner tröstenden Umarmung löste.

Schließlich riss sich Johannes' Vater von mir los. Er nahm wieder seinen Stock und trat auf den Mann zu, der das Geld eingesteckt hatte und ihm nun den Rücken zukehrte. Es schien fast so, als habe er ihn mit seinem Blick gerufen, denn er drehte sich zu ihm um. Johannes' Vater blickte ihm ernst in die Augen.

»Passt auf sie auf«, sagte er in fast gebieterischem Ton.

Überrascht und verlegen stammelte der Angesprochene: »Das ist nicht die erste Reise, die wir machen. Wir haben schon Dutzende von Mädchen rübergebracht und ...«

»Passt auf sie auf!«, wiederholte Johannes' Vater, ohne den Blick von ihm zu wenden. Dieser sanftmütige, schwache, alte Mann musste in früheren Zeiten viel Autorität besessen haben, wie aus seiner Haltung, seiner Art zu reden und der Gemessenheit seiner Gesten herauszuspüren war. Schließlich ging er, auf seinen Stock gestützt und ohne einen weiteren Gruß, in Richtung Tür, wieder ganz der alte und schwache Mann in ärmlichen Kleidern und einem viel zu großen Hemdkragen.

Einige Minuten waren vergangen, bis ich bemerkte, dass alle Anwesenden mich anstarrten, und so setzte ich mich neben die drei jungen Männer auf die Bank. Der eine Mann von der Schlepperorganisation hantierte noch immer schweigend am Kocher, der andere ging wieder hinaus und blieb an jener Stelle stehen, von wo aus er mich und Johannes' Vater herbeigewinkt hatte.

Als er zurückkam, war er in Begleitung eines weiteren Jungen. Der Mann schloss die Tür, und noch bevor der Neuankömmling erfassen konnte, wer alles in dem Zimmer war, verlangte er von ihm sein Geld. Der Junge sah sich noch einen Moment lang im Raum um, betrachtete aufmerksam jeden Einzelnen von uns und reichte schließlich in aller Ruhe dem Mann die zusammengerollten Scheine. Dieser zählte sie hastig und schob sie dann in seine Tasche. Anschließend wandte er sich an den zweiten Mann, der nach wie vor über den Gaskocher gebeugt war. »Ich gehe«, sagte er und verschwand.

Der zuletzt eingetroffene junge Mann stand noch immer inmitten des Zimmers, verfolgte mit seinem Blick, wie sich der Schlepper entfernte, musterte den am Herd und drehte sich schließlich zu uns.

»Vermutlich reisen wir zusammen«, sagte er, streckte uns seine Hand entgegen und grinste breit. »Ich heiße Tesfalem und will dieses Land verlassen. Ich bin aus Keren, wo meine Familie wohnt. Vor einem Monat habe ich sie verlassen, weil die Soldaten bereits zum zweiten Mal gekommen waren, um mich abzuholen.«

Ich reichte ihm meine Hand. »Hallo, ich bin Feven.« Gleich darauf stellten sich auch die drei anderen Jungen vor: Isaias, Tzìghè, Solomon. Alle drei stammten aus Asmara. Aus ihren Gesichtern sprach Anspannung, doch Tesfalems Lächeln schaffte es, die Atmosphäre etwas aufzulockern. Er erzählte in wenigen Worten seine Geschichte und den Grund seiner Flucht. Durch das Gespräch verging die Zeit wie im Flug, und irgendwann fragte Tesfalem den Mann am Kocher, ob er unser Führer sei.

Überrascht von seinem eigenmächtigen Verhalten, verneinte dieser.

»Weißt du, wann wir aufbrechen?«, bohrte Tesfalem weiter.

»Sobald Hamed da ist.«

Hamed. Unser Begleiter würde also nicht wie wir aus dem Hochland stammen. Wir waren zu fünft und gehörten alle dem Volk der Tigrina an. Eine Weile blieb es still, und ich wusste, dass wir alle dasselbe dachten: Ein Führer unseres eigenen Volkes oder zumindest aus unserer Region hätte uns ein ruhigeres Gefühl gegeben. Doch dann sagte ich mir, es sei nur logisch und wahrscheinlich sicherer, von jemandem aus der Gegend geführt zu werden, der die geheimen Pfade zwischen Eritrea und dem Sudan gewiss besser kannte als wir Tigrini.

»Und wann kommt Hamed?«, fragte Tesfalem.

»Er müsste jeden Moment auftauchen. Ihr werdet bei Sonnenuntergang aufbrechen. So vermeidet ihr die Hitze und vor allem die Gefahr, entdeckt zu werden. Die Grenze wird hier ständig auf beiden Seiten kontrolliert. Nach vierundzwanzig Stunden müsstet ihr Lafa, die erste Stadt auf sudanesischem Gebiet, erreicht haben. Dort habt ihr die Eritreer nicht mehr zu fürchten, aber die sudanesischen Grenzbeamten sind noch eine Gefahr für sich. Hamed wird euch ins Haus seiner Eltern bringen. Dort seid ihr in Sicherheit und könnt euch auf die nächste Etappe, die Reise nach Kassala, vorbereiten, wo es fast keine Militärkontrollen gibt. Ihr könnt euch unter die dortige Bevölkerung mischen und habt völlige Bewegungsfreiheit. In Lafa werdet ihr dann erfahren, was es kostet, heil in Kassala anzukommen.«

»Einen Moment.« Tesfalem unterbrach ihn abrupt. »Die Summe, die wir gezahlt haben, beinhaltet bereits den Transfer von Lafa nach Kassala. Das Geld, das dein Partner gerade eingesteckt hat, war der vereinbarte Preis, um uns sicher in den Sudan zu bringen. Wir schulden euch also nichts mehr.«

Mit harschem Ton reagierte der Mann auf Tesfalems Worte. »Junge, hör mir gut zu. Dieses Geld ist nicht für uns, sondern für die Eltern von Hamed. Sie sind es, die das Risiko auf sich nehmen und euch alles bereitstellen, was ihr braucht, inbegriffen Kleider und Kontakte. Im Augenblick können wir noch nicht sagen, wie viel Geld nötig sein wird. Unsere Aufgabe endet auf der anderen Seite der eritreischen Grenze, in Lafa.«

Tesfalem wollte etwas erwidern, ließ jedoch mit verzogenem Gesicht davon ab. Wir befanden uns in den Händen dieser Männer, waren eine Ware, mit der sie ihre Geschäfte machten. Das war eindeutig. Sich zu widersetzen oder ihnen zu widersprechen würde sowohl den Verlust des bezahlten Geldes als auch der einzigen Fluchtmöglichkeit aus Eritrea bedeuten. Damit mussten wir uns abfinden.

Mit finsterem Blick blieb Tesfalem in der Mitte des Zimmers stehen. Mit einem Zeichen bedeutete ich ihm, neben mir auf der Bank Platz zu nehmen, und er setzte sich mit einem Lächeln. Isaias bot den Jungen Zigaretten an, doch da alle ablehnten, begann er, allein zu rauchen.

Als Tesfalem erneut zu sprechen begann, fiel mir auf, wie sehr dieser hagere junge Mann mit dem heiteren, wachen Gesicht und den aufmerksamen, lebendigen Augen es verstand, sich Gehör zu verschaffen. Ich überraschte mich dabei, wie ich ihn voller Bewunderung anblickte. Wenn er sprach, belebte sich sein Gesicht, als konzentrierte er seine ganze Energie auf das, was er sagte. Er trug eine Hose, die ihm eine Nummer zu groß war, und der Gürtel, der sie um die Hüfte zusammenhielt, bildete im Stoff mehrere Falten. Über seinen Schultern hing ein kleiner, abgenutzter Militärrucksack, und an den Füßen hatte er ein Paar verstaubte, an den Kappen leicht abgeschabte Tennisschuhe.

Einen Augenblick später ging die Tür auf, und ein junger Mann trat ein. Seine Gesichtszüge verrieten seine arabische Abstammung. Nicht sehr groß, mit einer helleren Hautfarbe als wir Tigrini, war er in eine hellbraune, bis auf seine Füße hinabreichende *djellaba* gehüllt; auf dem Kopf trug er einen Turban in der gleichen Farbe. Durch die halb offene Tür hindurch sah ich draußen ein Kamel stehen.

Das Eintreffen des Neuankömmlings unterbrach abrupt unsere Unterhaltung. Der Mann, der am Kocher stand, sprang augenblicklich auf, ging einige Schritte auf ihn zu und reichte ihm die Hand. Die beiden tauschten mit gesenkter Stimme einige Begrüßungsformeln aus, dann wandte sich der Mann an uns: »Das ist Hamed«, sagte er. »Er wird euch in den Sudan führen. Ihr seid in guten Händen, nur wenige kennen das Gelände besser als er. Er ist hier geboren und aufgewachsen. Seine Familie lebt in Lafa, und seid ihr erst einmal dort, wird sie euch weiterhelfen.«

Hamed war um die fünfundzwanzig Jahre alt. Er blickte uns einen nach dem anderen aufmerksam an, als versuche er, uns einzuordnen. Seine tiefdunklen Augen verrieten keinerlei Gefühl.

Auch dieses Mal war es Tesfalem, der das Eis brach, indem er auf Hamed zuging, ihm seine Hand reichte und sich vorstellte. Hamed zögerte einen kurzen Moment und blickte Tesfalem tief in die Augen, bevor er seinen Gruß erwiderte. Hastig schüttelte er anschließend nacheinander Isaias, Tzìghè und Solomon die Hand. Als ich an der Reihe war, schaute er mich nur schweigend an. Ich nannte ihm meinen Namen, und er nickte. Für mich gab es keinen Handschlag. Zweifelsohne war er strenggläubiger Muslim wie viele Bewohner des Tieflandes, vor allem die Sudanesen. Hamed sprach allerdings fließend Tigrinya, unsere Sprache, musste also häufigen Umgang mit unseren Landsmännern haben.

Als die Vorstellungsrunde beendet war, ging Hamed hinaus. Durch die offene Tür sah ich, wie er das Kamel sattelte. Zunächst legte er auf dem Rücken des Tieres eine lange, aus schwerem Stoff gearbeitete Satteldecke zurecht, an deren Enden Taschen hingen, die über die Flanken des Tieres baumelten. Anschließend füllte er diese Taschen mit den verschiedensten Gegenständen, die ich nicht genau erkennen konnte. Zurück im Haus, wartete er, bis sich der andere Mann verabschiedet hatte, und begann schließlich zu sprechen.

»In etwa einer halben Stunde brechen wir auf. Zunächst werden wir uns in entgegengesetzter Richtung zur Grenze halten, weil wir eine Route nehmen, die uns mitten in der Wüste über die Grenze führt. Bei Nacht. Wenn alles gut geht, erreichen wir morgen bei Sonnenuntergang Lafa und sind dann außer Gefahr. Ich hoffe, ihr habt genügend Wasser- und Essensvorräte bei euch. Belastet euch nicht zu sehr mit Essen, denn wir müssen zügig vorangehen und dürfen keine Zeit verlieren. Ich führe euch auf dem Kamel an, das euch den Schritt vorgeben wird, und ihr folgt mir zu Fuß.«

Tesfalem konnte sich nicht zurückhalten. »Entschuldige, Hamed, führst du uns auf einer sicheren Route, oder besteht die Gefahr, dass wir auf Militär treffen?«

Hamed antwortete ihm mit eisiger Ruhe. »In dieser Gegend gibt es keine völlig sicheren Routen. Die Soldaten führen ständig Erkundungsgänge durch, wobei sie jeden Abend einem anderen Weg folgen, eben deswegen, um eventuelle Fluchtversuche zu unterbinden. Die Straße, die wir nehmen, ist eine der am wenigsten frequentierten. Es müsste also alles gut gehen.«

»Was passiert, wenn uns die Soldaten erwischen?«, hakte Tesfalem nach.

»Wir erkennen sie rechtzeitig, weil sie immer querfeldein mit eingeschalteten Scheinwerfern fahren. Wir sehen sie schon von weitem, sie uns dagegen erst, wenn wir in Reichweite ihrer Lichter sind. Auf jeden Fall gilt: Geht etwas schief, muss jeder seine eigene Haut retten.«

Hamed hatte aufgehört zu sprechen und war schon im Begriff, wieder hinauszugehen, als Tesfalem ihn erneut zurückhielt.

»Meinst du damit, dass du uns unserem Schicksal überlässt, sobald wir auf Soldaten treffen? Wir kennen uns in der Gegend nicht aus, wir kennen die Routen nicht, und wir wüssten nicht, wohin wir uns wenden sollten! Wir wären verloren, mit den wenigen Vorräten und ohne Wasser …«

Hamed schien verärgert zu sein. Er blickte Tesfalem fest in die Augen und antwortete in scharfem Ton: »Treffen wir auf Soldaten und sie erwischen uns, sind wir alle verloren. Was sollen wir anderes tun? Zusammenbleiben und uns alle sechs einfangen lassen? Unsere einzige Möglichkeit ist, ihnen aus dem Weg zu gehen. Sollten wir in die Situation kommen, uns trennen zu müssen, oder bleibt jemand von uns allein zurück, besteht die einzige Rettung darin, sich in Richtung Norden zu orientieren, denn im Norden gibt es Brunnen und Oasen.«

Gegen Hameds Argumente war nichts einzuwenden, und Tesfalem schwieg. Als Hamed hinausging, zündete sich Isaias eine weitere Zigarette an und gestand nach einem tiefen Zug mit nervöser, zittriger Stimme, dass er wahnsinnige Angst vor dieser Reise hatte. »Mir kommt es vor, als stehe der Anfang schon unter einem schlechten Stern, vielleicht war es doch keine so gute Idee.«

Tesfalem winkte ab. »Nein, woanders wäre es auch nicht besser. Wenn man flüchten will, ist man den Schlepperbanden ausgeliefert. Ein Führer ist wie der andere. Alles in allem scheint sich Hamed doch sicher zu sein, wenn er sagt, dass wir keine Soldaten treffen werden. Uns bleibt nichts weiter, als ihm zu vertrauen und an das Gute zu glauben.«

Ich fürchtete mich, aber Tesfalem hatte Recht: Wir mussten es versuchen, koste es, was es wolle. Ich sprach mir Mut zu und begann, meine Vorräte zu kontrollieren: zwei *injera*, ein kleines Glas Schokoladencreme, eine Tüte süßes Gebäck, die mir Johannes' Vater gegeben hatte, bevor er sich von mir verabschiedet hatte, und zwei Flaschen Wasser. Ich verstaute alles sorgsam in meinem Rucksack und schaute dann hinaus. Die tief am Horizont stehende Sonne hatte Kiesel, Steine und Sträucher in ein glühendes Licht getaucht, und aus der Ferne vernahm man den Gesang des Muezzins, der zum Abendgebet rief. Hamed rollte auf dem Boden eine Matte aus, die er aus einer der Satteltaschen des Kamels hervorgeholt hatte, und fing an, sich in Richtung Mekka zu verbeugen.

Kurz darauf begann unser langer Marsch in den Sudan.

14

In der Wüste des Todes

Hamed schaukelte sanft auf dem Rücken des Kamels. Von seinem Körper schien sich allein sein Kopf zu bewegen, der sich einmal nach rechts, dann nach links drehte, um den Horizont nach einer möglichen Staubwolke abzusuchen – ein sicheres Zeichen für einen herannahenden Jeep.

Seit etwa einer halben Stunde waren wir nun unterwegs. Die Sonne war gerade untergegangen und ließ für einige Minuten noch dieses charakteristische Licht zurück, das weder zum Tag noch zur Nacht gehört. In Kürze würde alles in eine solche absolute Dunkelheit getaucht sein, dass ich mich fragte, wie es mir gelingen sollte, den Schritten von Tzìghè zu folgen, der einige Meter vor mir herlief.

Hamed hatte festgelegt, in welcher Reihenfolge wir gehen sollten: Gleich hinter ihm kam Solomon, dann Isaias, Tzìghè, ich und zum Schluss Tesfalem. Kurz bevor das letzte Licht erlosch, drehte sich Hamed zu uns um und forderte uns auf, dichter aufzurücken. Dann trieb er das Kamel zu einem schnelleren Schritt an. Hameds Absicht war eindeutig: Der Mond war noch zu weit entfernt und zu tief, um unseren Weg zu erhellen, daher mussten wir enger beieinander laufen, um uns nicht aus den Augen zu verlieren. Die völlige Dunkelheit hatte die Wirkung, dass mein Gehör schärfer reagierte, sodass ich mich ganz auf das sanfte Geräusch der Kamelhufe und den schweren Atem von Isaias konzentrierte, der eigenartigerweise lauter war als Tzìghès, der zwischen uns ging. Tesfalem hingegen war so still, dass ich mich mehrmals nach ihm umdrehte und meinen Blick in die Dunkelheit bohrte, in der Hoffnung, ihn auszumachen. Um mich zu beruhigen, legte er jedes Mal seine Hand leicht auf meine Schulter.

Nach etwa zwei Stunden hatten wir eine weite Schleife gedreht. Der nun schon höher stehende Mond befand sich jetzt nicht mehr vor uns, sondern zu unserer Rechten, also steuerten wir nun in Richtung Norden auf die Grenze zu. Auch das Mondlicht war etwas stärker geworden und ließ uns unsere Schatten und die uns umgebende Landschaft ausmachen: Wir befanden uns inmitten der Wüste mit ihren spärlichen Sträuchern und kleinen, vertrockneten Büschen. Von dem Weg, den wir noch vor einigen Stunden gegangen waren, war keine Spur mehr zu erkennen. Mir schien, als liefen wir auf einem großen Teppich, in den Sträucher und Büsche hineingewoben waren. Auf einmal befand ich mich neben Tesfalem.

»Wie geht's?«, fragte er mich leise.

Im ersten Moment schrak ich zusammen, dann spürte ich, wie ich durch seine Gegenwart zum ersten Mal, seit wir aus Teseney aufgebrochen waren, wieder etwas ruhiger wurde. Jemanden an meiner Seite zu haben bedeutete die Möglichkeit, ein paar Worte zu wechseln und meinen Ängsten Ausdruck zu verleihen.

»Gut«, antwortete ich mit einem Lächeln, das Tesfalem vielleicht gar nicht erkennen konnte. »Wenn es so weitergeht, ist es weniger anstrengend, als ich befürchtet hatte. Denke ich allerdings an die Soldaten, die mit ihren Jeeps Patrouille fahren, bekomme ich gleich wieder Angst …«

»Daran dürfen wir nicht denken«, erwiderte Tesfalem. »Außerdem scheint mir Hamed seiner Sache ziemlich sicher zu sein. Ich bin optimistisch, wirklich.«

Allein diese wenigen Worte lösten Zuversicht in mir aus. Mir wurde leichter zu Mute, und ich blickte mich ein wenig um. Ich fühlte mich weder unwohl noch müde, und die frische Nachtluft tat mir gut. Tesfalem ging nun schweigend an meiner Seite, ein agiler, beruhigender Schatten. Vor uns die drei Köpfe unserer Gefährten und darüber der hohe, wiegende Körper des Kamels mit Hamed auf dem Rücken. In diesem Moment bemerkte ich, wie Isaias' Schatten langsamer wurde und er nach etwas in seiner Tasche suchte. Sein Schritt verlangsamte sich weiter, und schließlich blitzte in seiner Hand eine flackernde, kleine Flamme auf. Er zündete sich eine Zigarette an.

»Isaias ist sich nicht im Klaren, was er da tut«, flüsterte Tesfalem mir zu. »Er sollte nicht rauchen. Wir haben noch viele Stunden Fußmarsch vor uns. Auch wenn wir bisher noch keine Müdigkeit verspüren, wird sie uns früher oder später überkommen. Wir müssen sparsam mit unserer Energie und unserem Atem umgehen. Außerdem ist die Flamme eines Streichholzes bis weit in die Ferne sichtbar. Ich gehe zu ihm und sage ihm das.«

Mit zwei ausholenden Schritten war er an seiner Seite. Ich konnte sehen, wie die Schatten der beiden gestikulierten, aber ich verstand nicht, was die beiden miteinander sprachen. Hamed und sein Kamel folgten unbeirrt dem Weg. Um uns herum herrschte absolute Stille. Das einzige Geräusch, das man ab und zu in der Ferne vernehmen konnte, war der beängstigende Schrei der Hyänen. Ihre Anwesenheit war ein sicheres Zeichen dafür, dass sich im Umkreis von mehreren Kilometern keine menschliche Seele aufhielt, und zum ersten Mal erschien mir ihr Ruf fast wohltuend. Tesfalem ließ von Isaias ab und kehrte zu mir zurück.

»Er will nichts davon wissen, er hält es ohne Zigaretten nicht aus und sagt, wir können ihn nicht davon abhalten, weil er nur so seine Anspannung los wird. Ohne Zigaretten, sagt er, schafft er es nicht bis in den Sudan. Ich habe ihm klargemacht, dass wir bald müde werden und ihm die Luft ausgeht, aber es war nichts zu machen.«

Ich war froh, dass Tesfalem bei mir war, und versuchte, mir vorzustellen, wie es mir ohne ihn, nur mit Solomon, Tzìghè und Isaias, ergangen wäre. Sie waren bestimmt drei nette Jungs, aber so verängstigt und furchtsam, dass keine Atmosphäre von Solidarität unter uns entstehen konnte.

Tesfalem berührte mich an der Schulter. »Schau mal, Isaias …«

Eine weitere Flamme blitzte in der Dunkelheit auf: die nächste Zigarette. Einen Moment später brachte Hamed das Kamel zum Stehen. Er blickte nach rechts. In der Dunkelheit schien es, als wäre er völlig mit seinem Tier verschmolzen, eine Art prähistorisches Monster von unbekanntem, bedrohlichem Aussehen. Plötzlich befahl er dem Kamel, sich hinzuknien, und es knickte langsam seine langen Beine ein, erst die hinteren, dann die vorderen, bis es schließlich mit dem Bauch auf dem Boden lag. Hamed stieg von seinem Rücken und rief uns mit einem fast lautlosen Pfiff zusammen.

»Dort«, sagte er und wies auf einen Punkt in der Wüste. »Dort muss jemand sein, ich habe Lichter gesehen.«

Mein Herz begann wild zu schlagen, meine Beine zitterten, und meine Angst war wieder da.

»Wer glaubst du, ist das?«, fragte Tesfalem.

»Soldaten. In dieser Zone halten nur sie sich auf, weil sie für Zivilisten gesperrt ist. Wir müssen anhalten und uns möglichst bedeckt halten. Den Lichtern nach zu urteilen, die ich gesehen habe, sind sie weit weg, und es ist nicht gesagt, dass sie hierher kommen.«

In diesem Moment erblickte er Isaias brennende Zigarette. »Mach sie aus, sofort!«

Isaias erwiderte mit halblauter Stimme: »Komm schon, wir sind viel zu weit weg, als dass sie uns sehen könnten! Schon gut, ich mach sie aus. Da.« Das, was er wegwarf, war allerdings nur noch ein Stummel, der wahrscheinlich schon von allein zwischen seinen Fingern erloschen war.

Während wir mit klopfendem Herzen in absoluter Stille am Boden kauerten, wurde der Horizont von einem Lichtbündel durchschnitten. Aus dieser Entfernung war das Licht nur schwach und flackernd. Es stammte offensichtlich von einem Jeep, der durch die Senkungen der Wüste fuhr und dabei zeitweise den Strahl seiner Scheinwerfer auf den Boden warf. Eine ganze Weile schien sich das Licht genau auf uns zuzubewegen, dann verschwand es.

»Sie kommen genau in unsere Richtung«, flüsterte Hamed, ohne sich zu bewegen, den Blick weiterhin starr geradeaus gerichtet. »Sie sind noch weit weg und haben uns noch nicht entdeckt. Wahrscheinlich gelingt es ihnen nicht. Eigenartig ist nur, dass es bloß ein einziger Jeep ist, normalerweise gehen sie zu zweit auf Streife …«

Und genau in diesem Moment, noch ein Stück weiter entfernt, tauchte der Lichtstrahl von zwei weiteren Scheinwerfern auf. Auch diese bewegten sich in die gleiche Richtung wie die vorherigen, nur langsamer.

»Da ist ja der zweite Jeep. Gleich treffen sie aufeinander und beschließen gemeinsam, welche Richtung sie einschlagen. Bevor wir weitergehen, müssen wir das herausfinden.«

»Ist es dir schon einmal passiert, dass du auf sie gestoßen bist?«, fragte Tesfalem.

»Ja«, antwortete Hamed. »Und auch in diesen Fällen haben sie uns nicht erwischt. Wir mussten nur warten, bis sie wieder weg waren.«

Mich ergriff Panik. Tzìghè und Solomon an meiner Seite wirkten klein und ängstlich. Sie hatten bisher kein einziges Wort herausbekommen. Isaias, ein wenig abseits, hantierte an seiner Tasche herum. Tesfalem kniete am Boden und streckte sich ab und an weiter vor, um die Wüste besser überblicken zu können. Nun war auch der zweite Lichtstrahl verschwunden. Es schien, als sei die Wüste erneut unbewohnt und diese Lichtschimmer niemals aufgetaucht. Der Eindruck täuschte jedoch, das wusste ich. Auch der Schrei der Hyänen war nun verstummt, und in dieser Stille lag eine Bedrohung, die in ihrer Unsichtbarkeit umso unheilvoller wirkte. Wieder war es Tesfalem, der das Wort ergriff.

»Was sollen wir tun?«

»Ich hab es doch schon gesagt: warten, um herauszubekommen, in welche Richtung sie fahren«, antwortete

Hamed. »Die meistfrequentierte Route führt südlich an uns vorbei. Gut möglich, dass sie dorthin steuern, um anschließend dieser Route im Zickzack zu folgen. In diesem Fall kommen sie auf uns zu und fahren, wenn wir Glück haben, rechts oder links an uns vorbei, ohne uns zu erwischen. Dann können wir weitergehen. Wir müssen uns allerdings absolut still verhalten, denn sie kommen mit Sicherheit ziemlich dicht an uns vorbei. Diese Männer kennen sich perfekt in der Wüste aus, und auch sie werden bemerkt haben, dass die Hyänen weitergezogen sind, um woanders nach Aas Ausschau zu halten …«

Genau in diesem Moment zündete sich Isaias eine weitere Zigarette an, und Hamed verlor die Kontrolle. Mit einem einzigen Satz hatte er sich auf ihn geworfen, packte seinen Arm und entriss ihm Streichhölzer und Zigaretten. Isaias stieß ihn von sich, und inmitten dieses Handgemenges stieß das Kamel protestierend mit weit aufgerissenem Maul einen seiner charakteristischen dumpf schallenden Laute aus. Hamed hielt auf der Stelle inne, und auch Isaias begriff, in welche Gefahr er uns alle gerade brachte. Eilig versuchte er, sich flüsternd zu rechtfertigen: »Ich halte es ohne Zigaretten nicht aus, ich bin so nervös, dass ich nicht einmal gehen kann. Ihr könnt alles von mir verlangen, aber rauchen muss ich. Und außerdem«, wendete er sich provozierend an Hamed, »brauchst du mir nicht einzureden, dass sie aus solcher Entfernung die Glut meiner Zigarette erkennen können.«

»Noch einmal: Diese Männer kennen die Gegend wie ihre eigene Westentasche«, gab Hamed wutentbrannt zurück. »Sie sehen selbst das Unsichtbare, auch das kleinste, noch so unbedeutende Signal. Du kannst später rauchen, nicht jetzt.«

»In Ordnung«, gab sich Isaias geschlagen, »aber gib mir meine Packung und die Streichhölzer zurück. Ich rauche nicht, aber es gibt mir Sicherheit, wenn ich sie in meiner Tasche spüre.«

Hamed gab ihm beides zurück und riet uns dann, still zu sein und uns nicht zu bewegen. Tesfalem legte ein weiteres Mal seine Hand auf meine Schulter, um mich zu beruhigen.

Und da blitzten die Lichter auch schon erneut auf. Die vier genau auf uns zusteuernden Scheinwerfer waren deutlich auszumachen, und in der Ferne vernahm man bereits das Motorengeräusch der beiden Jeeps. Wir verhielten uns so still, dass mir schien, als hörte ich Tesfalems Herz klopfen. Plötzlich begann Hamed zu sprechen, und sein Flüstern wirkte fast wie ein Schrei. »Sie haben angehalten, an dieser Stelle gibt es eine Senke, perfekt zum Lagern. So ein Mist.«

»Warum?«, fragte ich.

»In ein paar Stunden beginnt es zu dämmern. Wenn sie dort Rast machen und wir uns nicht von der Stelle bewegen, entdecken sie uns bei Tageslicht, und wir sind erledigt. Wir müssen weitergehen, jetzt.«

In diesem Augenblick erlosch das Licht der Scheinwerfer. Tesfalem wies Hamed darauf hin.

»Ja«, antwortete er. »Sie schlagen ihr Lager dort auf. Wir müssen weitergehen, wir müssen sofort weg von hier. Allerdings können wir nun nicht mehr der geplanten Route folgen, denn die Soldaten fahren auf dem Rückweg in die Kaserne genau dort vorbei. Wir müssen ein Stück zurückgehen und eine viel weitere Route einschlagen, an deren Ende wir an einem Grenzübergang im Norden rauskommen. Unsere Reise wird um einiges länger ausfallen, um wie viel genau, weiß ich selber nicht.«

Isaias wühlte erneut in seiner Tasche. Plötzlich fuhr er Hamed aufgebracht an: »Du hättest damit rechnen müssen, dass auf dieser Route Soldaten sind. Du hast versprochen, wir würden in vierundzwanzig Stunden am Ziel sein, und jetzt soll auf einmal alles viel länger dauern. Du hättest uns warnen müssen, jetzt hab ich nicht einmal ausreichend Zigaretten bei mir ...«

»Das Wichtigste ist, dass du Wasser und Essen hast«, gab Hamed eisig zurück.

»Du als Nichtraucher kannst das nicht verstehen!«, rief Isaias aufgebracht und zählte seine Zigaretten. »Ich weiß sowieso, dass du ein falsches Spiel treibst. Vielleicht hast du sogar mit den Soldaten alles abgesprochen, sie schnappen uns, und du behältst das Geld und ...«

Hamed ließ ihn nicht zu Ende sprechen. Er riss ihn am Kragen nach oben und schleuderte ihn auf den Boden, bereit, ihn zu verprügeln. Erst das Einschreiten von Tesfalem konnte die beiden auseinanderbringen. »Lass ihn, Hamed. Sie könnten euch hören, und wir würden alle entdeckt werden. Isaias ist nur nervös«, fügte er hinzu, »aber ich bin sicher, er versteht die Situation. Brechen wir auf, es ist besser für alle. Wir vertrauen dir, Hamed, wir folgen dir!«, schloss er.

Hamed forderte das Kamel mit einem Klaps auf, sich zu erheben, und Isaias stellte sich zu Tzìghè und Solomon, die bereits aufbruchbereit waren. Auch ich stand auf. Erst jetzt, nach den zwei Stunden Rast, bemerkte ich meine Müdigkeit. Wir hatten über vier Stunden Fußmarsch hinter uns, und uns erwartete mindestens das Gleiche noch einmal. Vielleicht halte ich nicht durch, dachte ich verzagt, aber auch dieses Mal war es Tesfalems beruhigendes Schulterklopfen, das mir neuen Mut gab.

Die Soldaten hatten ein Feuer angezündet. Die Temperatur war inzwischen so weit gesunken, dass man die Kälte bis auf die Knochen spürte. Ich tröstete mich mit dem Gedanken, dass uns beim Gehen wieder warm werden würde.

Allmählich wurde der Fußmarsch immer beschwerlicher. Seit fast zwölf Stunden waren wir nun unterwegs, hatten die Soldaten hinter uns gelassen, aber die Angst, auf weitere Patrouillen zu treffen, drehte mir den Magen um. Hinzu kam, dass wir den ganzen bereits gegangenen Weg wieder zurückmussten, was dazu beitrug, meine Stimmung zu verschlechtern. Unser Ziel schien mir entfernter zu sein denn je, und ich begann mich zu fragen, ob mir mein Vorhaben jemals gelingen würde.

Isaias zündete sich eine weitere Zigarette an, und kurz darauf wies mich Tesfalem darauf hin, dass der Himmel zu unserer Rechten eine rötliche Färbung zeigte. Schon bald würde die Sonne aufgehen. Mein erster Gedanke war, dass mit der Hitze alles noch beschwerlicher werden würde. Was hatte Hamed mit uns vor? Wir würden sicher nicht den ganzen Tag unter der Sonne durch die Wüste laufen können. Würde er uns eine Ruhepause einlegen lassen? Nachdem die Sonne aufgegangen war, marschierten wir noch etwa zwei Stunden.

Als die Hitze stärker wurde, ließ uns Hamed nach rechts abbiegen, wo sich eine Bodensenke abzeichnete. Es war ein *wadi*, ein Flussbett, das einmal pro Jahr Wasser trug und an dessen Ufern ein paar kümmerliche Bäumchen überlebt hatten. Hamed ließ uns im Schatten des größten von ihnen anhalten.

»Wir lagern hier bis Sonnenuntergang, um Kräfte zu sammeln und zu vermeiden, dass wir uns mit einem Marsch unter der Sonne zu sehr auslaugen. Seid vorsichtig, während des Tages ist diese Zone für Zivilisten gesperrt, verhaltet euch daher so, dass man euch nicht bemerkt. Ruht euch aus und esst.«

»Wann überqueren wir die Grenze?«, fragte Isaias.

»Wenn alles gut geht und wir auf keine weiteren Streifen stoßen, müssten wir nicht diese, aber die nächste Nacht im Sudan ankommen.«

»Willst du damit sagen, dass wir noch zwei Tage Fußmarsch vor uns haben?« Isaias war außer sich.

»Ja«, antwortete Hamed ruhig.

»Der Weg wird ja mit jedem Mal noch länger. Willst du uns auf den Arm nehmen?«

»Willst du gehen? Du hast die Wahl«, erwiderte Hamed und baute sich angriffslustig vor ihm auf. Als er jedoch sah, dass Isaias sich nicht rührte, gebot er seinem Kamel, sich aufzurichten. »Nicht weit von hier sind noch weitere Bäume. Sie sind nicht sehr groß, können euch aber vor der Sonne schützen, wenn sich jeder einen davon aussucht. Ich gehe unter diesen«, schloss er und wies auf einen Strauch mit wenigen Ästen, jedoch einem etwas dickeren Stamm als die der anderen. »Und denkt daran, vergeudet weder Wasser noch Nahrung.«

Isaias wartete, bis sich Hamed entfernt hatte, um sich

dann eine Zigarette anzuzünden und uns komplizenhaft anzuschauen.

»Der hält uns doch zum Narren. Ich bin mir immer sicherer, dass er uns den Soldaten ausliefern will. Wir müssen etwas tun. Meiner Meinung nach können wir die Grenze auch ohne ihn überqueren.«

»Bist du verrückt geworden«, entgegnete Tesfalem. »Ohne Hamed haben wir keine Chance, wir wären verloren. Niemand von uns kennt sich in der Gegend aus, und heute Nacht hat sich Hamed durchaus fähig und besonnen gezeigt. Mit seinem Kamel hätte er uns längst unserem Schicksal überlassen und sich in Sicherheit bringen können, und trotzdem hat er es nicht getan.«

»Und wenn er uns den sudanesischen statt den eritreischen Soldaten ausliefern will?«

»Das wäre möglich. Hamed ist kein Eritreer, gewiss hat er eher mit sudanesischen Behörden zu tun. Aber was für ein Interesse könnten die Sudanesen an fünf eritreischen Deserteuren haben?«

»Nein, Isaias, unsere einzige mögliche Rettung besteht darin, bei ihm zu bleiben, uns zu gedulden, die Zähne zusammenzubeißen und zu versuchen, unsere Kräfte gut einzuteilen – und den Atem. Deine Zigaretten sind dir dabei nicht wirklich dienlich …«

»Kümmere dich um deine Angelegenheiten«, zischte Isaias und ließ sich unter einem Bäumchen nieder, das sich auf der entgegengesetzten Seite von Hamed befand.

Wir restlichen vier blickten uns schweigend an. Tesfalem schien von Isaias Verhalten eher enttäuscht als verärgert zu sein, Tzìghè und Solomon hingegegen erschreckt.

Vielleicht wäre es besser, wenn ich versuchte, etwas zu schlafen. Ich legte mich hin und schloss die Augen. Ich hörte Solomons Stimme, der Tzìghè einlud, ihm unter eines der anderen Bäumchen zu folgen, und kurz darauf erklang Tesfalems Stimme.

»Feven, vielleicht tut es dir gut, etwas zu essen und einen Schluck Wasser zu trinken. Wenn wir etwas ausgeruht haben, geht es schon wieder.«

»Tesfalem, glaubst du, wir schaffen es?«

»Ich bin optimistisch, Feven. Ich vertraue Hamed; ich glaube, es liegt ihm daran, uns auf die andere Seite zu bringen. Für ihn sind wir eine Einnahmequelle: Er wird einen Teil des Geldes erhalten haben, das wir gestern diesen Männern von der Schlepperbande gegeben haben, wenn auch bestimmt nicht den größten Teil davon. Daher werden er und seine Familie uns in Lafa noch einmal ausquetschen und gleichzeitig darauf hoffen, dass wir anderen Eritreern weiterempfehlen, sich ihnen anzuvertrauen. Sie ziehen ihren Nutzen aus uns, Feven, und du wirst sehen, er wird das Unmögliche möglich machen, um uns in den Sudan zu bringen.«

»Ich hoffe es wirklich, Tesfalem. Ich fühle mich sehr erschöpft und weiß nicht, ob ich zwei weitere Tage Fußmarsch durchhalte.«

»Es ist normal, dass du dich erschöpft fühlst, auch ich bin völlig erledigt. Seit mindestens vierundzwanzig Stunden haben wir nicht mehr geschlafen und sind die ganze Nacht hindurch marschiert, haben einen ordentlichen Schrecken bekommen und sind besorgt und nervös. Jetzt müssen wir uns erst einmal ausruhen und beruhigen. Du wirst sehen, dann geht es schon wieder besser. Komm, nimm das, iss.«

Ich öffnete die Augen und sah, wie Tesfalem mir seine Wasserflasche und zwei große Kekse reichte. Ich warf ihm ein schwaches, dankbares Lächeln zu und setzte mich auf. Schweigend aß und trank ich gemeinsam mit meinem Reisegefährten, dann streckte auch er sich im Schatten aus. »Komm, Feven, ruh dich auch etwas aus.«

Ich schloss die Augen, und gleich darauf durchströmte meinen Körper eine große Wärme und das schwere Gefühl der Entspannung. In wenigen Minuten war ich eingeschlafen.

Als ich erneut erwachte, erkannte ich nicht sofort die kahle Landschaft in ihren glühenden Farben. Die Sonne stand hoch am Himmel, die Hitze war unerträglich. Tesfalem schlief, das Hemd um den Kopf gewickelt. Weiter drüben ruhte sich Hamed mit seinem Kamel aus: Das Tier glich einer Erhebung in der Wüste, wie es so bewegungslos am Boden kauerte, an seiner Seite, den Rücken gegen den Baumstamm gelehnt, der schlafende Hamed. Auf der gegenüberliegenden Seite lag breit ausgestreckt Isaias halb im Schatten, halb in der Sonne. Solomon und Tzìghè, die ebenfalls ein Hemd um den Kopf gewickelt hatten, ruhten Seite an Seite auf einer kleinen Matte. Tesfalem erwachte, setzte sich auf und blickte um sich.

»Wie spät ist es?«, fragte er mich.

»Drei Uhr nachmittags.«

»Wir haben fast fünf Stunden geschlafen …«

»Ja, aber ich fühle mich schlapper als vorher.«

»Das vergeht, du wirst sehen. Die drückende Hitze macht uns zu schaffen, aber mit der abendlichen Kühle kehren unsere Kräfte wieder zurück. Bei Sonnenuntergang, bevor wir aufbrechen, essen wir etwas und trinken ein wenig. Im Augenblick müssen wir den Durst ertragen, sonst schwitzen wir das ganze Wasser sofort wieder aus.«

Völlig ermattet, gelang mir gerade mal ein zustimmendes Kopfnicken, bevor ich mich erneut auf der Erde ausstreckte. Tesfalem folgte meinem Beispiel.

»Tesfalem, glaubst du, es lohnt sich, das alles zu ertragen, um aus Eritrea zu fliehen? Wir wissen nicht, was uns im Sudan erwartet, und nicht einmal, wie wir von dort weiterkommen. Ich möchte nach Deutschland, zu meinem Bruder Tesfay, aber werde ich das schaffen? Im Augenblick erscheint es mir so fern, dass ich es fast bereue.«

Er seufzte tief. »Ich will nach Kanada, mein Ziel ist also noch weiter entfernt als deins. Ich habe Verwandte dort. Auch ich habe meine Zweifel, aber ich versuche, optimistisch zu sein. Das ist jetzt ein schwieriger Moment, aber du wirst sehen, es gibt auch bessere, die dir wieder Mut machen. Hamed ist sich seiner Sache sicher; ich bin überzeugt davon, dass er uns allein zurückließe, wenn er glaubte, es nicht zu schaffen. Wieso glaubst du, hat er das Kamel dabei? Sicher nicht, um schnell voranzukommen, schließlich muss er ja mit uns Schritt halten … Er hat es bei sich, damit er sich bei Gefahr möglichst schnell aus dem Staub machen kann. Im Augenblick jedoch ist sein größtes Interesse immer noch, uns in den Sudan zu bringen.«

Wir wurden von dem klackernden Geräusch rollender Steine aufgeschreckt. Als wir uns umdrehten, erblickten wir Isaias, der aufgewacht war und einige Steine im Kiesbett des *wadi* ins Rollen gebracht hatte. Er hatte nach seiner Wasserflasche gegriffen und trank nun mit gierigen Schlucken.

»Er trinkt zu viel«, sagte Tesfalem. Besorgt schauten wir ihm dabei zu, wie er unnötig das wertvolle Wasser aufbrauchte, das ihm auf dem uns noch bevorstehenden stundenlangen Fußmarsch von Nutzen gewesen wäre. Als Isaias endlich zu trinken aufgehört hatte, wischte er sich mit der Hand über den Mund, kramte in seiner Tasche, holte seine Zigaretten hervor und zündete sich eine davon an.

Tesfalem schüttelte unwillig den Kopf. »Seit kaum einer Minute ist er wach und hat bereits zwei Dinge getan, die er besser bleiben ließe. Dieser Junge wird uns noch Probleme bereiten ... Na ja, wir werden sehen.« Er wechselte das Thema. »Wir sollten jetzt etwas essen, Feven«, fuhr er in entspannterem Tonfall fort. »Aber nichts zu Schweres, es genügt schon eines dieser Fleischröllchen, die du als Proviant dabeihast. Ich werde ein wenig Dörrfleisch essen. Fleisch gibt uns Kraft. Dann können wir uns noch ein wenig ausruhen, zumindest so lange, bis Hamed wach wird.«

»Er ist schon wach, schau.«

Überrascht von seinen langsamen, sicheren Bewegungen, beobachteten wir ihn. Hamed hantierte lautlos an der Kruppe des Kamels. Aus einer der Satteltaschen holte er zwei Reisbällchen hervor und kaute ruhig, während er seinen Blick hin und her schweifen ließ. Dann griff er erneut in die Satteltasche, entnahm ihr eine Handvoll Datteln, aß sie und trank ein wenig Wasser aus seinem Krug.

»Wenn er isst, dann essen wir auch«, sagte ich. Aus dem Behälter, den ich in meiner Tasche aufbewahrte, nahm ich zwei Fleischröllchen, reichte eines davon Tesfalem, der lächelnd danach griff. »Danke, zu gegebener Zeit teilen wir uns dann mein Dörrfleisch.« Wir tranken noch einige Schlucke Wasser und folgten dann Hameds Beispiel, der seine Sachen aufsammelte, um sich zum Aufbruch fertig zu machen.

Nun waren auch Solomon und Tzìghè aufgewacht. Die noch immer hoch am Himmel stehende Sonne würde jeden Moment hinter weißlichen, am Horizont aufgetürmten Wolken verschwinden. Die Hitze ließ etwas nach, und das bis zu diesem Moment fast unerträgliche Licht ermöglichte uns nun, die Einzelheiten der Landschaft besser auszumachen. Als die Sonne die dichte Wolkendecke schließlich in einer endlosen Sinfonie von Gelb- und Rottönen entflammte, schien es, als rolle ein riesiges Feuer ohne Rauch auf uns zu.

Hamed gesellte sich zu uns, und kurz darauf folgten ihm Tzìghè, Isaias und Solomon, die sich wortlos in einen Kreis setzten.

»In einer halben Stunde brechen wir auf«, verkündete Hamed. »Macht euch fertig, und esst nicht zu viel. Trinkt wenig, besser erst später, in der Nacht, wenn die Temperatur euch nicht zum Schwitzen bringt. Wir sind in einer Gegend, in der wir uns relativ frei bewegen können, niemand nimmt diesen Weg, um außer Landes zu fliehen, und wenn alles gut läuft, stoßen wir morgen vor Sonnenaufgang auf eine Route in Richtung Norden, die uns direkt nach Lafa führt.«

»Wann werden wir da sein?«, fragte Isaias mit undeutlicher Stimme und verzerrtem Gesicht. »Meine Zigaretten reichen nur noch bis morgen früh, und auch mein Wasser ist fast aufgebraucht.«

»Ich mache dir einen Vorschlag«, sagte Tesfalem und kam damit Hamed zuvor. »Gib mir deine Zigaretten und dein Wasser, und jedes Mal, wenn du mich darum bittest, gebe ich dir davon. Ich versuche, dich davon abzuhalten, zu viel zu rauchen oder zu trinken, aber verspreche, dir nichts abzuschlagen, wenn du darauf bestehst.«

»Kommt nicht in Frage«, erwiderte Isaias. »Ich muss meine Zigaretten unbedingt bei mir tragen, sie geben mir Sicherheit.«

Ein Blick genügte, um zu begreifen, dass es nicht gut um ihn bestellt war. Seine Haut war trocken, seine Wangen eingefallen, und in den Mundwinkeln hatte sich der typische, durch Durst hervorgerufene weiße Schaum gebildet. Seine tief liegenden Augen verliehen ihm einen irren Ausdruck, als stünde er am Rande eines Nervenzusammenbruchs.

Hamed schenkte der Diskussion kein weiteres Interesse und kehrte zu seinem Kamel zurück. Zehn Minuten später waren wir alle abmarschbereit. In der gleichen Reihenfolge wie am Vortag setzte sich unser kleiner Menschenkonvoi in Bewegung, während die letzten Sonnenstrahlen die dunkelblauen Wolken am Himmel in Brand setzten.

Etwa drei Stunden lang marschierten wir in zügigem Tempo über das flache Gelände. Der Himmel war von Myriaden von glänzenden Sternen übersät, und schon bald würde der Mond aufgehen. Wie gewohnt – und wie von mir erhofft – hatte sich Tesfalem schweigend an meine Seite gesellt.

Ich war müde und hätte gerne eine Rast eingelegt, als

Hamed uns tatsächlich anhalten ließ, um zu essen und einen Schluck Wasser zu trinken.

»Setzt euch nicht hin, sonst wird es danach umso schwerer weiterzugehen – wir dürfen keine Zeit verlieren. Sind wir morgen früh nicht auf der Route nach Lafa, verlängert sich unsere Reise um einen ganzen weiteren Tag, und niemand von uns wäre darüber begeistert.«

Hamed hatte kaum geendet, als sich Isaias mit gekreuzten Beinen auf den Boden niederließ, um in seiner Tasche zu wühlen und sich die fünfte Zigarette seit unserem Aufbruch anzuzünden. Hamed wollte schon auf diese dreiste Provokation reagieren, doch erneut hielt Tesfalem ihn zurück, indem er ihm eine Hand auf die Schulter legte und sich anschließend in entschiedenem Ton an Isaias wandte: »Isaias, um den restlichen Marsch durchzustehen, musst du jetzt essen und ein wenig Wasser trinken, um bei Kräften zu bleiben. Wir können nicht auf dich warten.«

»Ich esse, wenn ich fertig geraucht habe«, war seine Antwort. »Ich hasse Befehle, sonst wäre ich ja jetzt beim Militär statt auf der Flucht.«

Kurz darauf bestieg Hamed wieder sein Kamel. Tesfalem half Isaias auf, und wir gingen weiter. Als Tesfalem wieder an meiner Seite war, flüsterte er mir zu, Isaias habe seiner Meinung nach bereits den Verstand verloren. »Schau ihn dir an, er schwankt, als verliere er gleich das Gleichgewicht.«

Es waren weniger meine Kräfte als vielmehr meine Willensstärke, die mich vorantrieb. Ich hatte weiche Beine, und meine Füße schmerzten furchtbar. Sie waren gewiss schon geschwollen und voller Blasen. Mehr als einmal schien es mir, als würden meine Beine mich nicht länger tragen. Um der Müdigkeit nicht nachzugeben, zwang ich mich dazu, mich auf meine Schritte zu konzentrieren, auf die konkrete Bewegung, einen Schritt vor den anderen zu setzen. Rechts, links, rechts, weiter, du schaffst es …

Plötzlich blieb Isaias vor mir stehen, schwankte einen Moment auf wackeligen Beinen und ließ sich dann zu Boden fallen. Tesfalem war sofort bei ihm, während Hamed, der von alledem nichts mitbekommen hatte, weiterhin sein Kamel durch die von einem strahlend silbernen Mond erhellte Nacht trieb. Tesfalem gab Tzìghè ein Zeichen, Solomon und Hamed aufzuhalten, hob dann Kopf und Oberkörper des ohnmächtig wirkenden Isaias, gab ihm etwas Wasser aus seiner Feldflasche zu trinken und bat mich anschließend, in seinem Rucksack nach einer Dose zu suchen. »Es ist Zucker darin, den geben wir ihm.«

In der Zwischenzeit war Isaias wieder zu sich gekommen. »Keine Sorge, es war nur ein Müdigkeitsanfall«, sagte er und stand auf.

Tesfalem forderte ihn dennoch auf, etwas Zucker zu sich zu nehmen. Hamed, der umgedreht war, ohne von seinem Kamel abzusteigen, nahm schweigend den Weg erneut auf.

Nicht gerade zufrieden über das, was ihm soeben passiert war, zündete sich Isaias eine Zigarette an und schien für einige Minuten von neuen Kräften erfüllt. Dann blieb er überraschend stehen. Tesfalem trat an seine Seite, um ihn zu stützen, aber Isaias brach nicht zusammen.

»Ich brauche eine Pause«, sagte er. »Ich bleibe einen Moment hier und hole euch dann wieder ein. Ich werde euch schon nicht verlieren, ich muss ja nur immer in dieser Richtung weiterlaufen.«

»Bist du verrückt?«, fragte Tesfalem. »Wenn du anhältst, bist du verloren.«

Isaias' Gesicht sah aus, als würde es langsam austrocknen. Seine Augen wirkten riesengroß, und im Mondlicht kam mir sein Gesicht wie ein mit Zellophan umhüllter Totenkopf vor. Hamed, der erneut umgekehrt war, stieg nicht einmal von seinem Kamel ab.

»Wenn du anhalten willst, kein Problem«, sagte er zu Isaias. »Du musst allerdings wissen, dass du es dann nicht mehr schaffst, uns einzuholen, geschweige denn dich allein zu orientieren. Du hast die Wahl. Bleibst du hier, wirst du sterben. Ich kann dir nicht helfen, ich habe außer mir selbst noch weitere vier Personen in Sicherheit zu bringen.«

»Ich mache Pause und hole euch dann wieder ein«, gab Isaias eigensinnig zurück. Er war völlig erledigt, am Rande einer Ohnmacht.

»Bitte, Isaias, tu's nicht! Nimm noch einmal deine Kräfte zusammen, gib nicht auf!«, bekniete ihn Tesfalem und schlang einen Arm um seine Schultern.

Anstelle einer Antwort setzte sich Isaias auf den Boden. Sofort wendete Hamed sein Kamel und nahm den Weg wieder auf. »Los, gehen wir weiter!«

Tzìghè und Solomon folgten ihm auf der Stelle, ohne auch nur ein einziges Wort zu verlieren. Ich zögerte noch, doch Tesfalem schubste mich in Richtung der anderen. Nach ein paar Schritten drehte ich mich noch einmal um: Tesfalem war noch immer über Isaias gebeugt und redete sanft auf ihn ein. Ich bemerkte, dass ich weinte.

Allmählich begann Tesfalems Schatten zu verschwimmen. Furcht überkam mich. »Tesfalem!«, schrie ich laut. »Komm bald nach! Verlier uns nicht aus den Augen, bitte ...«

»Ich komme ...«, hörte ich ihn rufen. Kurz darauf war er an meiner Seite. Er hatte uns eingeholt, keuchend wie eine Lokomotive. Er wollte etwas sagen, schaffte es jedoch nicht. Ich hätte ihn gern umarmt, legte ihm dann aber doch nur eine Hand auf die Schulter, und so gingen wir schweigend weiter, während Hameds monströser Schatten auf dem Rücken des Kamels zwischen Sternen und Mond gleichmäßig hin und her schaukelte, als wäre nichts geschehen.

»Tesfalem«, sagte ich nach einigen Minuten, »warum bitten wir nicht Hamed, zurückzukehren und Isaias zu holen? Er könnte ihn auf sein Kamel laden.«

Tesfalem rückte nach vorne auf und bat Hamed, stehen zu bleiben. Dieser folgte widerwillig. Ohne vom Kamel abzusteigen, beugte er sich zu Tesfalem hinab.

»Kehr um, Hamed«, flehte dieser. »Wir warten hier auf dich. Lad Isaias auf dein Kamel. So können wir ihn retten. Es kostet uns nichts: Du könntest zu Fuß gehen und den Schritt angeben. Wir verlieren keine Zeit und kommen alle gesund und munter in Lafa an. Ich bitte dich, lass ihn nicht zurück!«

»Nein. Wir dürfen keine Zeit verlieren«, antwortete Hamed. »Wir sind bereits spät dran, und wir können uns nicht noch einen Tag und noch eine Nacht Fußmarsch leisten.«

»Aber es geht doch nur um ein paar Minuten!«, bedrängte ihn Tesfalem. »Die Zeit, die wir brauchen, um zurückzugehen und ihn auf das Kamel zu hieven! Ein paar Minuten, und wir retten ein Menschenleben! Ich kann mit dir kommen, ich helfe dir!«

Hamed antwortete nicht. Mit einem Schlag auf den Hals befahl er dem Kamel, zu wenden und in die Dunkelheit hineinzugaloppieren. Regungslos, wie vom Mond beschienene Statuen inmitten einer surrealen, wunderbaren und gleichzeitig erschreckenden Landschaft, warteten wir in der Finsternis. Ich hörte mein nervöses Schlucken und Tesfalems keuchenden Atem. Tzìghè und Solomon glichen zwei Mumien, zwei machtlosen Gespenstern.

Nach wenigen Minuten, die wie eine Ewigkeit erschienen, zeichnete sich in der Ferne erneut Hameds riesiger Schatten ab. Erleichtert atmete ich auf: Isaias war gerettet. Ich strengte mich an, ihn auf dem Rücken des Kamels, hinter Hamed, auszumachen, aber als sich das Kamel näherte, wurde mir bewusst, dass Isaias nicht dabei war. Bevor Tesfalem ihn danach fragen konnte, erklärte Hamed, er habe ihn an der Stelle, an der wir ihn zurückgelassen hatten, nicht gefunden.

»Er war nicht da. Der Verrückte wird woanders hingegangen sein. Ich habe eine Runde gemacht und ihn gesucht, aber es war nichts zu machen: Er war fort.«

»Aber wie ist das möglich? Er hatte nicht einmal genügend Kraft, sich zu bewegen! Hamed, wo kann er hingegangen sein?«, gab Tesfalem zurück.

»Ich weiß es nicht, aber wir sind nicht hier, um zu verstehen, was im Kopf eines Verrückten vor sich geht. Und jetzt hört mir mal gut zu, ich sag es euch zum letzten Mal: Die Zeit rennt uns davon; wer sich retten will, folgt mir, ich warte auf niemanden mehr und verliere keine einzige weitere Minute!«

Er trieb das Kamel an und folgte weiter dem Weg. Tesfalem setzte sich schweigend in Bewegung.

Ich war erschüttert. War es möglich, dass das Leben eines jungen Mannes so wenig wert war? Ich konnte nicht einmal weinen und erinnerte mich an die erste Begegnung mit Isaias, dann an Tesfalems Bemühungen, ihm zu helfen. Ich schaute ihn an, er lief mit gesenktem Kopf, verzagt, entkräftet. Ich strich ihm über die Schulter.

Niemand von uns besaß noch Kraft zum Sprechen. Ich wusste, dass wir uns in dieser unwirklichen Stille alle dasselbe fragten: War Isaias wirklich verschwunden, oder hatte Hamed uns belogen?

Der Mond stand bereits hoch am Himmel, genau über unseren Köpfen. Nach und nach verschwand die Anspannung, und ich fühlte meine unendliche Erschöpfung. Ich spürte Schmerzen und undefinierbare Stiche, aber in erster Linie quälten mich meine geschwollenen Füße. Wie lange würden sie mich noch tragen können? Bei Sonnenaufgang ließe uns Hamed möglicherweise eine Ruhepause einlegen, aber bis dahin waren es noch etwa zwei Stunden. Würde ich so lange durchhalten? Ich musste, um jeden Preis, oder ich würde wie Isaias enden. So ging ich immer weiter, angetrieben von der Kraft der Verzweiflung.

Und dann kam der Sonnenaufgang. Als die Sonne noch nicht hervorgetreten war, bog Hamed nach rechts ab und führte uns zu einem gewaltigen Felsblock, der auf unerklärliche Weise inmitten dieser staubigen, kahlen Ebene thronte.

»Hier gibt es Schatten. Wir machen für einige Stunden Rast«, sagte er. »Esst, trinkt ein wenig Wasser und ruht euch aus.«

Ich verspürte eine solche Müdigkeit, dass ich keinerlei Bedürfnis hatte, zu essen oder zu trinken, aber Tesfalem zwang mich dazu. Folgsam schluckte ich ein paar Kekse und ein Fleischröllchen hinunter und trank gierig, bis mir Tesfalem die Flasche aus der Hand nahm. Dann fiel ich in einen unruhigen Schlaf voller Albträume.

Der Jeep näherte sich mit hoher Geschwindigkeit in einer riesigen Staubwolke. Drei Soldaten stiegen mit angelegten Waffen aus, befahlen uns, die Hände zu heben und uns nicht zu rühren. Dann kamen sie auf mich zu. Einer von ihnen presste mir den Gewehrlauf in die Seite und dirigierte mich zum Wagen, ein anderer stieß mich auf den Hintersitz und setzte sich anschließend ans Steuer. Dicht bei mir, auf dem Boden des Jeeps, lag ein lebloser Körper. Isaias! Während ich herauszufinden versuchte, ob er noch lebte, drehte sich der Soldat am Steuer zu mir um und grinste mich breit an. Nun hatte er das Gesicht eines alten Mannes, und sein Mund war eine von gelblichen Zähnen umrandete schwarze Höhle. Verzweifelt blickte ich um mich. Tzìghè und Solomon saßen, die Hände hinter dem Kopf verschränkt, auf der Erde. Tesfalem lag bäuchlings ausgestreckt da, das Gesicht im Sand. Einer der Soldaten hatte den Fuß auf seinen Rücken gestellt und zielte mit dem Gewehrlauf auf seinen Nacken. Hamed, auf dem Kamel thronend, betrachtete das Schauspiel fast ungeduldig, als könne er es nicht erwarten, dass endlich alles vorbei war und er gehen konnte. Ich fühlte mich vollkommen hilflos, und erst jetzt drang aus meinem Mund ein verzweifelter, wenn auch nutzloser, so doch befreiender Schrei …

Ich schrie noch einmal. Dann erwachte ich schweißgebadet vom Klang meiner eigenen Stimme.

Tesfalem betrachtete mich besorgt. »Es ist alles gut, Feven, ruhig. Du hast schlecht geträumt«, sagte er und half mir, mich aufzusetzen und mit dem Rücken an den Felsen zu lehnen, dann reichte er mir das Wasser. Ich trank mit einer solchen Gier, dass er mir ein weiteres Mal die Flasche entreißen musste. Jetzt erst blickte ich mich um. Tzìghè und Solomon saßen unweit von mir entfernt, Hamed stand neben seinem Kamel in der glühenden Sonne und hantierte wie gewöhnlich an den Satteltaschen herum. Als er fertig war, gesellte er sich zu uns.

»In einer Stunde brechen wir auf«, sagte er, dann musterte er mich aufmerksam, ohne ein Wort, um sich meines Zustands zu vergewissern. »Wir sind auf der Route nach Lafa, das Schlimmste haben wir geschafft. Der Weg, der noch vor uns liegt, ist sicher. Eine Streife dürfte eigentlich nicht vorbeikommen, erst auf den letzten Kilometern vor der Stadt besteht wieder Gefahr. Ab Sonnenuntergang bleiben uns noch etwa sechs Stunden Fußmarsch, bevor wir gegen Mitternacht ankommen – und in Sicherheit sind, so Allah will.«

Sechs Stunden Fußmarsch! Unmöglich, das würde ich niemals schaffen. Ich konnte nicht einmal aufstehen, spürte meine geschwollenen, schmerzenden Füße. Mein ganzer Körper war wie betäubt, mein Kopf drehte sich, in meinen Ohren klang ein Rauschen, und ich hatte das Gefühl, als bewege ich mich in Zeitlupe.

»Tesfalem, ich schaffe es nicht …«

»Aber sicher doch. Du schaffst es. Jetzt bist du gerade aufgewacht, hast schlecht geträumt und bist durcheinander. Iss etwas, trink noch ein wenig Wasser, und du kommst wieder zu Kräften. Los, Feven, noch ein letztes Mal!«

»Ich kann mich kaum auf den Beinen halten! Meine Füße sind geschwollen und tun weh, selbst wenn ich sie nur berühre, wie soll ich da gehen können?«

»Wart's ab«, lächelte er und holte dann etwas Dörrfleisch aus seiner Tasche. »Iss das. Damit man nicht zu starken Durst bekommt, habe ich es ohne Salz gedörrt!«

Ich gehorchte, aß das Fleisch und weitere zwei Kekse. Danach fühlte ich mich besser, aber das Problem meiner Füße blieb dennoch bestehen. Tesfalem lockerte meine Schnürsenkel und schlug mir vor, mich langsam aufzurichten. »Es tut wahrscheinlich weh, aber beim Gehen wird es besser.«

Ich schaute ihn an. Er wirkte schmal, sein Gesicht eingefallen, aber seine Augen drückten eine unerschütterliche Willensstärke aus. Ich beneidete ihn auf gewisse Weise, doch dann begriff ich, dass sein Optimismus ansteckend war. Langsam fing ich an, mich selbst davon zu überzeugen, dass ich es schaffen, dass auch ich Lafa erreichen würde!

»Auch ich würde mich liebend gern einfach nur ausruhen. Komm, versuch aufzustehen!« Tesfalem lächelte und reichte mir eine Hand.

Ich ergriff sie und rappelte mich auf. Ein brennender Schmerz durchfuhr mich von den Füßen aus durch den ganzen Körper. Ich hatte das Gefühl, auf glühenden Kohlen zu stehen. Stöhnend versuchte ich, ein paar

Schritte zu gehen, noch immer auf Tesfalem gestützt. Die gelockerten Schnürsenkel brachten in der Tat ein wenig Erleichterung. Ja, ich konnte es schaffen. Es genügte, einfach loszumarschieren und zu gehen, zu gehen, zu gehen, ohne daran zu denken, wie lang die nächsten sechs Stunden sein würden.

Hamed war bereit zum Abmarsch, ebenso wie Tzìghè und Solomon, die völlig entkräftet wirkten. Solomon hinkte auffallend.

Mit den letzten Sonnenstrahlen setzten wir unseren Marsch fort. Ich hatte das Gefühl, meine Füße würden durchhalten. Schon bald brach die Nacht herein, und wieder einmal folgten wir Hameds Schatten. Wir folgten einem Weg, der von kleinen, in unregelmäßigen Abständen gesäumten Steinhäufchen gekennzeichnet war. Hyänen heulten in der Ferne, wie um uns daran zu erinnern, dass wir im Umkreis mehrerer Kilometer die einzigen menschlichen Wesen waren.

Nach einigen Stunden verließen mich plötzlich meine Kräfte. Vor meinen Augen drehte sich alles, und ich wankte. Der Schmerz in meinen Füßen war wieder stärker geworden. Bei jedem Schritt spürte ich einen scharfen Stich im Fuß. Tesfalem stützte mich zunächst, einen Arm um meine Hüfte geschlungen, dann hieß er mich anhalten und holte Hamed ein, um ihn zu überreden, seinen Schritt zu verlangsamen. Tesfalem umfasste erneut meine Hüfte, während ich einen Arm auf seiner Schulter abstützte.

»Ich habe Hamed gebeten, dich das letzte Stück auf seinem Kamel reiten zu lassen«, sagte er.

»Und was hat er geantwortet?«

»Er macht es, aber nicht jetzt gleich. Wir sind bereits

im Sudan, und er möchte noch die Gegend kontrollieren, bis wir uns weiter von der Grenze entfernt haben. Er sagt, auf dem Kamel kann er den Horizont besser im Auge behalten. Ich glaube allerdings, dass das Kamel ihm dazu dient abzuhauen, falls Soldaten auftauchen. Wie auch immer, halt durch, Feven. Noch eine halbe, maximal eine Stunde, dann bringt dich das Kamel ans Ziel. Wir haben es fast geschafft, gib jetzt nicht auf!«

Ich war völlig entkräftet, biss aber die Zähne zusammen. Nach etwa einer halben Stunde stieg Hamed vom Kamel, bedeutete ihm, sich hinzuknien, und half mir beim Aufsteigen. Ich schwankte, als sich das Tier wieder aufrichtete. Ich saß höher, als ich gedacht hatte, gewöhnte mich aber fast sofort daran. Nicht gehen zu müssen, war eine riesige Erleichterung. Mir blieb nicht einmal mehr genügend Kraft, um mich nach Tesfalem umzusehen. Ich wusste, wie erschöpft er war, ich hatte ihn taumeln sehen, und allein der Gedanke, er könne jeden Moment stehen bleiben, aufgeben, zurückbleiben, versetzte mich in Schrecken. Dennoch schaffte ich es nicht, mich umzudrehen.

Irgendwann tauchte vor uns im Mondlicht schließlich eine Ansammlung von Hütten und Bretterzäunen auf, an die Kamele und Esel gebunden waren. Ich wagte nicht, daran zu glauben, aber vielleicht war nun tatsächlich alles geschafft. Ich hielt den Atem an. Vielleicht war es ja eine Fata Morgana, vielleicht …

»Wir sind da!«, sagte Hamed und hieß uns hinter einem Gebäude aus ungearbeitetem Mauerwerk anhalten. Tesfalem half mir, vom Kamel abzusteigen und in einen Raum zu treten. Auf dem Lehmboden lagen ausgebreitete Matten. Es gelang mir gerade noch, mich auf eine davon zu legen und meine Schuhe auszuziehen. Bevor ich noch meine Füße anschauen konnte, war ich schon eingeschlafen. Ausruhen, schlafen, ohne die alles beherrschende Qual, weitergehen zu müssen. Ich hatte die Wüste durchquert, ich hatte es geschafft. Ich war in Lafa.

Ruh dich nur aus, Feven, du warst tapfer. Schlaf jetzt …

15

Im Sudan

Ich betrachtete meine geschwollenen, von nussgroßen Blasen übersäten Füße. Einige waren aufgeplatzt und gaben den Blick frei auf gerötete, eitrige Wunden. Ich hatte zwar schmerzende und steife Knöchel, aber ich war in Lafa. Ich hatte es geschafft. Meine Gedanken schweiften zu Isaias, der irgendwo zurückgeblieben war, verloren in dieser Hölle aus Sand. Ich versuchte, mir seinen Tod vorzustellen, zwang mich dann jedoch, den Gedanken daran zu verdrängen. Ich musste in die Zukunft schauen. Ich war nun im Sudan. Was würde mich in nächster Zeit noch alles erwarten?

Tzìghè und Solomon schliefen zusammengekauert auf den Matten. Weiter drüben drehte sich Tesfalem im Halbschlaf noch einmal um. Ich wünschte mir, dass er vor den anderen aufwachte, damit ich ihm für all seine praktische Hilfe und große moralische Unterstützung danken konnte. Dass ich nun hier war, verdankte ich zum Großteil ihm. Ich begann, erneut meine Füße zu betrachten, als ich kurz darauf seine Stimme vernahm.

»Hallo, Feven. Wie geht's?«

»Jetzt wieder gut. Meine Füße sind ein Desaster; ich weiß nicht, wann ich jemals wieder gehen kann. Danke, Tesfalem. Dass ich hier bin, verdanke ich nur dir, du hast mich gerettet.«

Er lächelte. »Nein, du bist hier, weil du es verdient hast.«

In diesem Moment betrat eine ältere, verschleierte Frau den Raum, die eine Plastikschüssel in den Händen trug. Ohne uns eines Blickes oder Wortes zu würdigen, stellte sie die Schüssel vor uns auf der Matte ab und wiederholte das Ganze mit einigen Metallbechern, die an der Ziegelwand befestigt waren.

Als Nächstes erschien Hamed. Er wirkte größer, als ich ihn in Erinnerung hatte, und trug eine saubere himmelblaue *djellaba* sowie einen Turban in der gleichen Farbe.

»Wie geht es Fevens Füßen?«, fragte er, warf einen flüchtigen Blick darauf und wies dann auf die Frau. »Meine Mutter wird sie mit Kräuterumschlägen behandeln.« Dann beugte er sich nach vorne und schob die Schüssel ein Stück näher zu mir. Tesfalem reichte mir einen Becher.

»Das ist Ziegenmilch. Trinkt, so viel ihr wollt, es ist genug da. Das wird euch wieder Kraft geben. Ihr könnt hier so lange bleiben, wie ihr wollt, aber ihr müsst zahlen. In Dollar.«

Tesfalem setzte sich auf, füllte das eine Glas mit Milch, reichte es mir und nahm sich dann selber. Inzwischen waren auch Tzìghè und Solomon wach geworden, und Hamed schenkte zwei weitere Becher für sie ein.

Dann ließ auch er sich auf die Matte sinken und erläuterte uns, wie es nun weitergehen würde. »Lafa wird von sudanesischen Militärs kontrolliert, aber hier seid ihr in Sicherheit. Sobald ihr euch bereit fühlt, müsst ihr weiter nach Kassala, wo es praktisch keine militärische Überwachung gibt. Gegen Bezahlung könnt ihr euch von einer vertrauensvollen Person mit dem Auto dort hinbringen lassen, aber das könnt ihr noch kurzfristig entscheiden. Im Augenblick ist es das Wichtigste, dass ihr wieder zu Kräften kommt.« Hamed machte eine Pause, aber es war ihm anzumerken, dass er uns noch nicht alles gesagt hatte. Und tatsächlich ergriff er erneut das Wort. »Es gibt nur ein einziges Problem«, sagte er und drehte sich zu mir. »Der Sudan ist ein islamisches Land, und für Frauen ist es nicht einfach, sich zu bewegen, ohne die Aufmerksamkeit der Polizei zu erregen. Wir müssen uns etwas einfallen lassen für Feven.«

»Wenn es ein Auto gibt, das uns nach Kassala bringt, können wir doch auch schon morgen aufbrechen«, bemerkte Solomon, und Tzìghè nickte zustimmend.

»Ich kann mich nicht vom Fleck bewegen«, antwortete ich. »Meine Füße sind so übel zugerichtet, dass ich noch nicht reisen kann.«

»Aber wir fahren mit dem Auto!«, beharrte Tzìghè. »Das schaffst du sicher!«

Hamed schaltete sich ein. »Feven tut gut daran, vorsichtig zu sein. In Kassala könnt ihr nicht mit einer Unterkunft wie dieser hier rechnen, und seid ihr erst einmal dort, habt ihr immer noch das gleiche Problem: drei Männer mit einer Frau wecken Verdacht. Hält euch die Polizei an, werdet ihr auffliegen. Dann wird man Geld von euch verlangen, und wenn ihr es nicht herausrückt, wird man es euch trotzdem nehmen. Ihr müsst unter allen Umständen unentdeckt bleiben.«

»Aber wenn wir hier bleiben, verlieren wir Zeit!«, protestierte Solomon.

»Welche Möglichkeit gibt es, unentdeckt zu bleiben?«, fragte Tesfalem.

»Feven muss mit einem von euch allein reisen«, erklärte Hamed, »so wird man euch für Mann und Frau halten. Eine verschleierte Frau, die ihrem Mann folgt, fällt in einem islamischen Land nicht auf. Ihr müsst euch entsprechend kleiden und euch so verhalten, wie man es in dieser Gegend tut.«

»In Ordnung, so machen wir es«, bestimmte Tesfalem. »Wir teilen uns auf. Tzìghè und Solomon können frei entscheiden, wann sie aufbrechen wollen. Ich warte auf Feven und reise dann mit ihr zusammen.«

Unsere beiden Gefährten schienen erleichtert zu sein. Ich wäre für sie nur Ballast, ein Risiko gewesen. Auch Hamed stimmte diesem Vorschlag zu. Ein weiteres Mal füllte sich mein Herz mit Dankbarkeit gegenüber Tesfalem. Durfte ich seine Großzügigkeit noch einmal in Anspruch nehmen?

»Tesfalem, warte!«, sagte ich. »Es wäre besser, wenn du mit Tzìghè und Solomon fahren würdest, ich finde schon einen Weg.«

»Nein, Feven, ich will nichts davon hören. Die beiden wird man für zwei Freunde auf Reisen halten und uns für ein Ehepaar oder für Geschwister. Du darfst in der Öffentlichkeit nicht sprechen und musst verschleiert gehen. So sind wir perfekt getarnt, vielleicht sogar noch besser als sie. Glaubst du, das wird genügen, Hamed?«

»Ich wollte euch genau das vorschlagen. Also, Solomon, seid ihr sicher, dass ihr morgen aufbrechen wollt?« Die beiden jungen Männer nickten, und Hamed fuhr fort: »Dann ist noch einiges zu erledigen. Ich muss euch passende Kleidung und ein Auto besorgen. Ihr müsst für die Kleider, den Fahrer, den Wagen und das Benzin aufkommen. Macht euch fertig, und kommt mit.«

Tesfalem wirkte zufrieden, als habe er die optimale Lösung gefunden. »Ich bin immer mehr davon überzeugt, dass Hamed eine verlässliche Person ist. Natürlich hat er seine eigenen Interessen, aber bisher hat er großes Geschick bewiesen. Ich glaube nicht, dass er uns in Gefahr bringen würde, nur um sich an uns zu bereichern …«

»Tesfalem, willst du wirklich auf mich warten? Du hast schon viel für mich getan«, unterbrach ich ihn. »Ich werde schon zurechtkommen, meine Familie ist wohlhabend, ich werde mir irgendwie Geld schicken lassen. Mach dich lieber morgen zusammen mit den anderen auf den Weg.«

»Nein, Feven. Mit dir zu reisen ist ebenso sicher. Und dass du reich bist, könnte uns nützen! Komm, trink ein wenig Milch.«

In diesem Augenblick betrat Hameds Mutter den Raum, eine halbe Kokosnuss und weiße Tücher in den Händen. Sie ging vor mir auf die Knie, entnahm der Kokosnuss eine streng riechende Paste und strich sie mir auf die Füße, die sie anschließend mit den Tüchern umwickelte. Tesfalem hatte alles aufmerksam verfolgt und saß nun in sich versunken da.

»An was denkst du?«, fragte ich ihn.

»An Isaias. Der Gedanke, dass ein junger Mensch wie wir tot sein soll, ist fürchterlich. Das wird mich für den Rest meines Lebens verfolgen, auch wenn ich weiß, dass wir nicht mehr tun konnten. Manchmal stelle ich ihn mir vor, wie er in der Wüste liegt, und dann sehe ich seine von der Sonne gebleichten Knochen. Es ist grauenhaft, ich werde nie vergessen können, was passiert ist.« Nach einer kurzen Pause fuhr Tesfalem fort: »Entschuldige, Feven, ich weiß, dass manche Gespräche einfach nur quälend sind und zu nichts führen. Sprechen wir von etwas anderem. Also, was hast du vor? Khartoum zu erreichen wie ich, und dann?«

»Ich will zu meinem Bruder Tesfay nach Deutschland. Ich weiß noch nicht, wie es in Khartoum weitergehen soll. Man hat mir gesagt, man könne gegen Bezahlung jemanden finden, der einen in zehn Tagen durch die Wüste bis nach Tripolis bringt. Von Tripolis aus gibt es dann Schiffe zur italienischen Küste. Aber du kannst mir glauben: Allein bei dem Gedanken, ein weiteres Mal die Wüste zu durchqueren, schaudert es mich.«

»Ich möchte einen Weg finden, um Kanada zu erreichen. Ich habe Verwandte dort, und wenn sie mich einladen, erhalte ich ein Visum. In Khartoum werde ich mir eine Arbeit suchen, um mir das Flugticket kaufen zu können. Aber es ist noch zu früh, um darüber zu sprechen. Erst einmal müssen wir es bis nach Khartoum schaffen. Das Wichtigste ist nun, dass wir wieder zu Kräften kommen und du die Wunden an deinen Füßen auskurierst. Nutze diese Tage, um dich auszuruhen, das wird dir guttun.«

Tesfalem streckte sich wieder auf seiner Matte aus, und ich folgte seinem Beispiel. Langsam glitt ich erneut in einen erholsamen Schlaf hinüber.

Ich erwachte von den Stimmen Solomons und Tzìghès, die mit Hamed zurückgekommen waren und mit ihren bis auf den Boden reichenden *djellabas* und den Turbanen kaum wiederzuerkennen waren. Tesfalem war bereits wach und hörte zu, wie Hamed Solomon und Tzìghè erklärte, was zu tun war. Sie würden bei Sonnenaufgang mit dem Auto in Richtung Kassala aufbrechen, dort am späten Vormittag ankommen und von da an ihrem Schicksal überlassen sein.

Draußen war es inzwischen dunkel, und ich verspürte plötzlich einen schrecklichen Hunger. Ich deutete dies als gutes Zeichen, als Bestätigung, dass ich wieder ins Leben zurückgekehrt war. Gierig schlang ich das Essen, das Hameds Mutter uns brachte, in mich hinein. Anschließend unterhielten wir uns, während wir auf den Zeitpunkt von Solomons und Tzìghès Abreise warteten. Als es so weit war, verabschiedeten sie sich nur flüchtig von uns, überwältigt von der Anspannung vor der Reise. Trotz der dramatischen Erfahrung, die wir gemeinsam durchlebt hatten, waren sie nun nichts weiter als zwei fremde Menschen.

Nach drei Tagen waren die Wunden an meinen Füßen verheilt, sodass wir unsere Abreise für den frühen Morgen des nachfolgenden Tages festlegten. Hamed hatte uns ein Auto besorgt, mit dem wir nach Kassala reisen würden. Dort mussten wir einen Lastwagen finden, der uns bis nach Khartoum bringen würde, doch das sollte keine Schwierigkeit sein, denn täglich machten zwei oder drei die Strecke, erklärte uns Hamed. Ich war es leid, mich bei Hameds Familie zu verstecken, und Tesfalem noch viel mehr. Ich fühlte mich bereit, und unsere Abfahrt war fast wie eine Befreiung.

Ich trug ein graues Gewand, das bis auf den Boden reichte und meine Bewegungsfreiheit erheblich einschränkte. Allein auf dem kurzen Weg von Hameds Haus zum Auto stolperte ich zweimal. Das Gewand ist mir zu lang, dachte ich, aber bevor ich ins Auto stieg, zeigte mir Hameds Mutter, wie ich den Stoff zum Gehen leicht anheben musste. Über dem Kopf trug ich eine Art Kapuze, die mein Gesicht umgab, und darüber wiederum einen leichten Schleier in einem verblassten Blumenmuster. Hameds Mutter hatte mir beigebracht, dass dieser Schleier dazu diente, in Gegenwart anderer Männer das Gesicht zu verhüllen und nur die Augen freizulassen. Ich fühlte mich völlig vermummt, und einen Moment lang dachte ich, ich würde es in dieser Verkleidung nicht lange aushalten. Wie würde ich mich in einigen Stunden fühlen, wenn die Sonne hervorbrechen und es heiß werden würde? Ich tröstete mich, indem ich Tesfalem anschaute. Ihm erging es nicht viel besser als mir: Er trug eine lange *djellaba,* die so weit war, dass er nicht einmal die Taschen fand. Auf dem Kopf thronte ein weißer Turban, von dem ein Stoffzipfel auf seine Schulter herabbaumelte. Auch ihm würde in einigen Stunden ordentlich heiß werden, dessen war ich mir sicher.

Wir bezahlten Hamed für die Zeit unseres Aufenthalts in Dollar, dieser gab dem Fahrer des Wagens die letzten Anweisungen und seinen Anteil des Geldes, und schließlich fuhren wir los. Tesfalem saß neben dem Fahrer, ich hinten.

Im Dunkeln glitt das Auto zwischen Sträucher- und Buschreihen hindurch, dann öffnete sich der Weg zu einer breiten Straße, die von Reifenspuren durchfurcht war. Langsam begann sich die Landschaft zu erhellen, wich der dunkelblaue Schleier mit der aufgehenden Sonne verschiedenen Rottönen. Kurze Zeit später war alles in das charakteristische Ocker der Wüste getaucht.

Im Licht der Morgendämmerung hoben sich die einzelnen Konturen klar ab, doch mit der senkrecht stehenden Sonne würde das grelle Licht Menschen, Dinge und Tiere zu einem einheitlichen Weiß verschmelzen.

Als in der Ferne die ersten Häuser von Kassala vor uns auftauchten, schien es mir, als wären wir nach Lafa zurückgekehrt, doch schon als wir auf die Einfahrtsstraße gelangten, begriff ich, dass es sich um eine richtige Stadt handelte. Entlang der Seitenstraßen reihte sich ein Marktstand neben den anderen, daneben befanden sich Holzkarren, die mit Obst und den verschiedensten Waren beladen waren, und als wir schließlich die Hauptstraße erreichten, schienen wir uns endgültig inmitten eines Basars zu befinden. Die Autos mussten oft langsamer fahren, um Jungen mit Handwagen oder mit unglaublichen Mengen an Waren beladene Esel vorbeizulassen. Die Frauen waren alle verschleiert und trugen ähnliche Gewänder wie ich.

Schließlich bog der Fahrer des Wagens nach rechts ab, zwängte sich durch ein Gässchen, das in einen bevölkerten Platz mündete, in dessen Mitte eine Moschee thronte. Ihre Fassaden waren mit goldenen Mosaiken verziert, und ihr Minarett erschien mir höher als gewöhnlich, bis ich begriff, dass ich es nicht mit jenen viel kleineren in Asmara vergleichen konnte, wo die Muslime eine Minderheit darstellten. Hier jedoch gehörte die gesamte Bevölkerung dem Islam an, und die Stadt war groß, das hieß, der Muezzin musste mit seinem Ruf zum Gebet auch weit entfernte Viertel erreichen können. Tesfalem schaute sich überrascht um. Sein Turban hatte sich gelöst, und der herabhängende Stoffzipfel baumelte ihm nun hinunter bis zum Rücken. Der Fahrer zwängte sich durch ein anderes Gässchen, dann durch ein weiteres, wo er im Schritttempo vorankroch, um kleinen, im Staub spielenden Kindern und Eseln auszuweichen, die, eng an die Mauer gedrängt, mit Stockschlägen vorangetrieben wurden. Endlich hielten wir vor einem zweistöckigen Gebäude, das ein Schild als »Hotel Sahel« auswies. Hamed hatte uns erklärt, dass dies der ideale Platz für uns sei, denn hier liefen alle Informationen über die Lastwagen nach Khartoum zusammen.

Der Fahrer des Wagens führte uns zum Besitzer des Hotels, einem Mann mit enorm vorstehendem Bauch und grauem, von Staub überzogenem Bart. Die beiden tuschelten miteinander, dann stellte uns der Fahrer dem Mann vor und verabschiedete sich mit einem Kopfnicken.

Der Hotelbesitzer sagte, er heiße Ibrahim. Er gab Tesfalem die Hand und streifte mich mit einem flüchtigen Blick.

»Kommt«, sagte er und ging voraus. Das Erdgeschoss umfasste einen einzigen, weitläufigen Raum mit einer eingerichteten Küchennische: zwei große Gasherde und eine Art Ofen.

»Hier«, sagte Ibrahim, »das kann ich euch anbieten. Dort kannst du deine Matte ausbreiten«, erklärte er Tesfalem und wies auf eine Stelle nahe der längsten Wand. Dann wandte er sich an mich und deutete auf einen dunklen Vorhang an der anderen Wand: »Die Frauen schlafen dahinter. Wenn ihr etwas Besseres und Teureres wollt, einen Stock höher gibt es Zimmer …«

»Das hier ist schon in Ordnung«, beeilte sich Tesfalem zu antworten.

»Für die Mahlzeiten«, fuhr der Mann fort, »könnt ihr den Herd und den Ofen benutzen, der jeden Morgen angezündet wird.«

»Um wie viel Uhr fahren morgen Lastwagen nach Khartoum?«, fragte ich.

Der Mann tat, als habe er nichts gehört. »Benötigt ihr Brot oder Wasser, braucht ihr nur zu fragen.«

Ich wollte schon meine Frage wiederholen, als mir Tesfalem bedeutete zu schweigen. Dann stellte er die gleiche Frage noch einmal, und dieses Mal antwortete der Mann.

»Jeden Morgen, eine Stunde vor Sonnenaufgang, ist Abfahrt, aber es ist nicht gesagt, dass ihr einen Platz findet. Und vor allem ist es nicht sicher, dass die Fahrer sich bereit erklären, Frauen mitzunehmen. Ihr müsst es einfach versuchen, und wenn es nicht klappt, versucht ihr es am nächsten Morgen noch einmal, so lange, bis ihr Glück habt.«

»Wie lange dauert die Fahrt nach Khartoum?«, hakte Tesfalem nach.

»Wenn es keine Schwierigkeiten gibt – Reifenpannen oder Motorschäden etwa – bis zum darauf folgenden Morgen.«

In diesem Augenblick wurde Ibrahim von einem kleinen Jungen gerufen. Beim Hinausgehen wies er auf eine weitere Tür.

»Ihr könnt euch im Garten ausruhen und etwas essen, wenn ihr wollt.«

Als er fort war, breiteten wir unsere Matten aus, ich hinter dem Vorhang, wo bereits eine andere Frau schlief, und gingen dann hinaus. Der Garten stellte sich als ein Platz mit einem Lehmboden, zwei Schatten spendenden Palmen und Behältern mit trübem Wasser heraus, auf dem Strohhalme schwammen.

Ich kochte vor Wut, als ich Tesfalem aufsuchte. Er ließ geduldig meinen Zornausbruch über die islamische Gewohnheit, Frauen wie Dreck zu behandeln, über die drückende Hitze, die absurde Bekleidung, den Sudan und über die Zeit, die wir hier verbringen müssten, über sich ergehen, dann gab er mir, ruhig und überlegt wie immer, den einzig möglichen Rat: »Wir müssen uns daran gewöhnen, Feven. Wir werden uns daran gewöhnen, du wirst sehen, wir müssen nur verstehen lernen, was erlaubt ist und was nicht. Und was die Kleidung betrifft, na ja, sie ist nicht sehr bequem, aber wenn sie hier alle tragen, wird sie wahrscheinlich ein wenig vor der Hitze schützen ...«

Inzwischen war es später Nachmittag geworden, und die Temperatur war ein wenig gesunken. Ibrahim kam herbei, setzte sich zu uns und ließ uns köstlichen Tamarindensaft bringen.

»Ich habe gute Nachrichten für euch. Morgen früh fährt ein befreundeter Fahrer nach Khartoum, der nichts dagegen hat, Frauen mitzunehmen. Ich habe ihm von euch erzählt, und er würde euch einen Platz freihalten, wenn ihr einverstanden seid.«

»Ja, natürlich«, antwortete Tesfalem sofort.

Ibrahim blickte ihm direkt in die Augen. »Zusammen mit der Übernachtung und dem Essen müsst ihr mir auch diesen Dienst bezahlen.«

»Geht in Ordnung, wenn es keine riesige Summe ist ...«, seufzte Tesfalem.

»Nur ein paar Shilling, Junge, nur ein paar Shilling. Ibrahim ist ein guter Muslim und weiß, dass sein Gott ihn bestrafen würde, wenn er habgierig wäre und sich an armen Reisenden wie euch bereichern würde. Ach ja, vergesst nicht, dass ihr auch meinem Freund etwas für die Fahrt zahlen müsst. Und noch etwas: Versteckt während der Reise sorgfältig euer Geld, nicht alle sind so gute Gläubige wie Ibrahim!«

An seinem Lächeln konnte ich ablesen, dass er absurderweise wirklich davon überzeugt war, eine großzügige Tat zu vollbringen, auf die er stolz sein konnte. Ibrahim erhob sich mühsam und wischte seine Hände an seinem vorstehenden Bauch ab. Genau in diesem Moment erschallte der Ruf des Muezzins zum Abendgebet. Ibrahim hatte es nun eilig.

»Ich bin ein guter Muslim und verpasse keine einzige Verabredung mit meinem Gott, fünfmal an jedem einzelnen Tag des Jahres. Bis morgen.«

»Das Glück steht auf unserer Seite, Feven«, sagte Tesfalem zufrieden. »Wenn wir gleich nach Khartoum weiterkommen, können wir Geld sparen. Wir können uns eine bessere Unterkunft besorgen und schauen, wie es weitergeht.«

»Ich habe Adresse und Telefonnummer von Bekannten in Khartoum, Tesfalem. Sie werden uns helfen, irgendwo unterzukommen, und zu jemandem Kontakt herstellen, der uns außer Landes bringen kann.«

»Das geht nicht, Feven, in Khartoum müssen wir uns trennen. Um nach Italien zu kommen, musst du eine Reisemöglichkeit nach Tripolis in Libyen finden. Ich dagegen muss Geld verdienen, um mir ein Ticket nach Kanada kaufen zu können, und herausfinden, wie ich ein Einreisevisum erhalte.«

Die Vorstellung, diesen lieben, teuren Freund zu verlieren, quälte mich. »Warum kommst du nicht einfach mit nach Italien, Tesfalem? Mein Bruder Tesfay würde sich freuen, dich kennen zu lernen, und für dich wäre es ein Leichtes, Arbeit zu finden: Du weißt dich anzupassen, bist geschickt und intelligent …«

»Ich kann nicht, Feven. Meine ganze Familie hat dazu beigetragen, das Geld für meine Flucht aufzubringen. Außer meinen alten Eltern auch meine Brüder, meine verheirateten Schwestern, Cousins und ferne Verwandte. Sie alle haben in mich investiert. Ich habe Verwandte in Kanada, die sich dafür eingesetzt haben, eine Arbeit für mich zu finden. Sie reden mir schon seit langem ins Gewissen, ich solle zu ihnen kommen. Sie sagen, von dem Geld, das ich dort verdiene, kann ich einen Großteil nach Hause schicken. Mein Vater ist alt und krank, und oft fehlt es uns an Geld für einen Arzt oder Medikamente.«

»Ich verstehe. Trotzdem ist es schade.«

An jenem Abend aßen wir den restlichen Proviant, der uns von der Wüstendurchquerung geblieben war. Von Ibrahim kauften wir nur Brot, frisches Wasser sowie Datteln und Fleischkonserven für die bevorstehende Reise.

Mitten in der Nacht verließen wir das Haus von Ibrahim. In den vereinsamten und stillen Gassen hörte man deutlich den Schrei eines Esels und das Brummen des Generators der Polizeiwache, in deren Umkreis kein einziges Lebenszeichen auszumachen war. Während ich, wie es die islamische Religion vorschrieb, einige Schritte hinter Tesfalem herging, kam ich mir vor wie eine Diebin und sehnte den Moment herbei, in dem ich mich wieder unter Menschen mischen konnte.

Auf dem Platz, den uns Ibrahim beschrieben hatte, stand ein Lastwagen bereit. Der Fahrer war ein junger Mann, nicht viel älter als wir, der sehr aufgeregt und nervös war und uns einfach ignorierte, als wir uns vorstellen wollten. Er war in ein Gespräch mit zwei offensichtlich wohlhabenden Männern vertieft, die blütenweiße, kostbare *djellabas* mit goldenen Stickereien trugen. Jene kommandierten mit barschen Befehlen etwa zehn Männer mit nackten Oberkörpern, die den Lastwagen mit Säcken voller Reis und Saatgut beluden. Rundherum verteilt standen etwa zehn Personen und warteten, alle Mitfahrer wie wir. Ich war die einzige Frau, aber aus den Gässchen sah ich noch weitere Leute auf uns zukommen. Ich hatte meinen Schleier so zurechtgezogen, dass er nur meine Augen frei ließ, und mich dicht hinter Tesfalem gestellt, der den passenden Moment abwartete, um mit dem Fahrer zu sprechen und unseren Platz zu sichern.

Als alle Säcke aufgeladen und die beiden Männer in den weißen *djellabas* gegangen waren, fand Ibrahims Freund endlich Zeit, an sein zusätzliches Geschäft, den Transport der menschlichen Ladung, zu denken. Tesfalem drängte sich sofort nach vorne, und dieses Mal hörte ihm der Mann zu.

»Ach ja, du bist Ibrahims Freund. Ich habe euch den besten Platz reserviert, ein wenig teurer, aber dafür reist ihr gemeinsam, bequem auf einem Berg von Säcken und ohne das Risiko, vom Lastwagen zu fallen.«

Eine kleine Anzahl weiterer Reisender, die er versuchte hinzuhalten, redeten flehend auf den Fahrer ein. Als Erstes ließ er einen Mann mit einem Kind einsteigen, das einen Verband um den Kopf trug. Dann forderte er Tesfalem und mich dazu auf, es uns in einem Hohlraum zwischen Säcken und dem Dach des Führerraums einzurichten. Es war ein perfekter Platz, wir konnten fast bequem sitzen. Nach uns stiegen alle anderen ein, Männer, Jugendliche und auch Kinder, die versuchten, zwischen den Säcken eine möglichst stabile Position zu finden. Der Fahrer stieg in die Fahrerkabine, ließ den Motor an, und wir fuhren los.

Der Lastwagen hüpfte bedenklich auf der Straße aus Kies und Erde. Nach etwa einer Stunde wurde der Straßenbelag etwas fester, und der Lastwagen konnte seine Geschwindigkeit erhöhen. Um elf, als die Hitze langsam unerträglich wurde, hielten wir an einem Brunnen, der inmitten der Wüste ausgehoben worden war. Die Mitreisenden zerstreuten sich in alle Richtungen, um ihre Notdurft zu verrichten, und dann begann der Kampf um den besten Platz im Schatten des Lastwagens. Schließlich holten alle ihren Reiseproviant hervor und stärkten sich. Der Fahrer verkündete, wir würden gegen vier am Nachmittag wieder aufbrechen, und einigen gelang es, zu schlafen oder sich auszuruhen.

Tesfalem und ich hatten einen Winkel im Schatten neben einem der Räder ergattert, und ich bemerkte, dass die anderen Reisenden uns ein wenig Intimität zugestanden, denn ich war die einzige Frau. Ich fühlte mich eingezwängt in meiner Kleidung, war völlig verschwitzt und wünschte mir nichts sehnlicher, als endlich den Schleier herunterzureißen. Auch Tesfalem kämpfte weiterhin mit seinem Turban, der sich langsam auflöste. Trotzdem gelang es uns, ein wenig zu schlafen. Als ich erwachte, blieb noch eine halbe Stunde bis zur Abfahrt, und auch Tesfalem war bereits wach.

»Es ist fast besser weiterzufahren, als hier in dieser Hitze zu hocken, findest du nicht auch?«, flüsterte ich ihm zu.

»Ja, aber es ist immerhin eine erträgliche Tortur. Morgen früh sind wir bereits in Khartoum, und dort wird alles schon besser aussehen.«

In diesem Moment hörten wir Weinen. Es war das kleine Kind mit dem verbundenen Kopf. Instinktiv erhob ich mich und ging zu ihm, ohne zu überlegen, ob dies für eine Frau schicklich war. Der Vater des Kindes blickte erstaunt, ließ mich jedoch gewähren, auch weil das Kind aufgehört hatte zu weinen, als es mich bemerkte. Selbst in meinem für jemanden aus dem Sudan schwer verständlichen Arabisch gelang es mir, es zu trösten und zu hätscheln. Der Vater erklärte Tesfalem, er wolle das Kind nach Khartoum ins Krankenhaus bringen. Sein Sohn, Mohammed, sei von einem Esel gefallen und habe sich dabei den Kopf an einem Stein gestoßen. Seither leide er an einem starken Zittern und ließe sich nur im Liegen oder Sitzen beruhigen.

Als der Fahrer die Aufforderung zum Weiterfahren gab, begann das Kind erneut zu weinen. Da es mir auch dieses Mal gelang, es zu beruhigen, schlug ich Tesfalem vor, den Vater darum zu bitten, seinen Sohn dieses Stück mit uns reisen zu lassen. Der Mann lud uns daraufhin ein, gemeinsam mit seinem Sohn in der Fahrerkabine Platz zu nehmen, während er es sich zwischen den Säcken einrichten würde. Wir willigten ein, ich nahm Mohammed auf den Arm und wiegte ihn, bis er eingeschlafen war. Stolz darauf, mich nützlich gemacht zu haben, stellte ich fest, dass ich mich zu diesem Kind hingezogen fühlte. Würde es gesund werden? Würde es

Schäden zurückbehalten? Hatte seine Familie genügend Geld für seine medizinische Versorgung? Plötzlich kamen mir meine Probleme im Vergleich dazu weitaus geringer vor.

Der Fahrer erzählte Tesfalem inzwischen, dass er diese Strecke zweimal alle zehn Tage zurücklege, dass der Lastwagen nicht ihm gehöre und er für seine Benutzung einem Verleih in Khartoum Geld gebe. Er selbst verdiene durch den Transport der Säcke und das Fahrgeld der Reisenden, aber er empfinde es als ungerecht, erläuterte er, dass dabei nur so wenig abfiel angesichts der Tatsache, dass er im Falle eines Schadens auch noch für die Reparaturkosten aufkommen müsse. Genau in diesem Moment schwankte der Lastwagen bedrohlich. Der Fahrer fluchte, hielt an und stieg aus, dann begann er lauthals zu schimpfen und die Reisenden zum Aussteigen aufzufordern: Ein Reifen war geplatzt, der nun gewechselt werden musste.

Zum Glück stand die Sonne bereits tiefer. Alle boten ihre Hilfe an, aber der Wechsel des Reifens kostete uns mehrere Stunden, denn das passende Werkzeug fehlte, und das Reserverad war in der Pritsche zwischen den geladenen Säcken verstaut, die zunächst mühsam aus- und dann wieder eingeladen werden mussten. Schließlich konnten wir unsere Fahrt fortsetzen.

Mohammed war bei der Reifenpanne aufgewacht, ohne jedoch zu weinen, und nickte erneut ein, als wir weiterfuhren. Mitten in der Nacht hielten wir ein weiteres Mal für etwa zwei Stunden und setzten dann die Fahrt fort. Gegen zehn Uhr morgens tauchten endlich die ersten Häuser von Khartoum auf.

Auf einer weitläufigen Straße fuhren wir in die Stadt,

die erst inmitten des bewohnten Zentrums zu einer Asphaltstraße wurde, die uns über die Brücke eines breiten Flusses führte: des Nils.

Die nächste Etappe unserer Reise war geschafft.

16

Das islamische Gesetz

Da ich außer meiner Geburtsstadt Asmara nur Addis Abeba kannte, wo ich etwa ein Jahr gelebt hatte, war ich der Meinung gewesen, alle großen Hauptstädte würden einander ähneln, aber Khartoum belehrte mich eines Besseren. Khartoum war eine unüberschaubare, heiße, staubige, chaotische Stadt, in welcher der Fluss in allen Aspekten des Lebens ständig gegenwärtig war. Auch wenn man ihn nicht sah, roch man seine leichte Brise, den fast unmerklichen Windhauch zwischen den niedrigen Häusern der Peripherie.

Ich wusste, dass die Stadt an jenem Punkt entstanden war, an dem zwei Arme des Nils zusammenflossen, und ich wusste auch, dass dieser breite Fluss in den Bergen der Hochebene Eritreas entsprang.

Nach einigen Tagen lernten Tesfalem und ich unsere neue Bekleidung zu schätzen. Diese weiten Umhänge waren durchaus nützlich, sie klebten nicht am Körper und fingen jeden noch so kleinen Windhauch ein, um ihn auf der Haut zum Zirkulieren zu bringen. Der Schleier allerdings blieb mir weiterhin unerträglich. Ich träumte davon, mit entblößtem Gesicht zu gehen, die Luft auf Wangen und Hals zu spüren, ans Flussufer zu gehen und seine Brise auf meiner Haut und in meinem Haar zu fühlen. Der Schleier schien eine grausame Strafe zu sein, die man sich extra für die Frauen ausgedacht hatte. Ich hatte erfahren, dass jene, die ihn nicht trugen, harte Strafen riskierten. Ich empfand Mitleid mit ihnen, beobachtete ihre Gewohnheit, außerhalb ihrer vier Wände ständig bedeckt zu gehen, die Augen niedergeschlagen, verborgen vor den Blicken anderer Menschen. Mir war klar, dass ich dieses Verhalten von heute auf morgen übernehmen musste, und ich gab mein Bestes: Ging ich in Tesfalems Begleitung in die Stadt, folgte ich ihm mit wenigen Schritten Abstand, aber doch nah genug, um deutlich zu machen, dass ich zu einem Mann gehörte und nur mit seiner Erlaubnis ausgegangen war. Er hingegen achtete darauf, dass er mich nicht ansah und nicht mit mir sprach. Beim Gehen hielt ich den Kopf stets gesenkt, um männlichen Blicken auszuweichen.

Mithilfe eritreischer Bekannter, deren Telefonnummer ich bei mir trug, hatten wir in einem Haus am Stadtrand einen sicheren Ort zum Übernachten gefunden. Dort waren etwa zehn weitere illegale Einwanderer untergekommen, die Hälfte von ihnen aus Somalia, die anderen aus Äthiopien. Wir alle zahlten wöchentlich eine geringe Summe an einen Sudanesen, der als Vermittler zwischen uns und dem Besitzer des Hauses fungierte, welcher auf diese Art ein gutes Geschäft machte. Nun mussten wir über unsere unmittelbare Zukunft nachdenken.

Tesfalem begann, sich nach Arbeit umzusehen. Ich hingegen bemühte mich herauszubekommen, wer zu der Organisation gehörte, die mir ermöglichen würde, den Sudan zu verlassen und Tripolis in Libyen zu erreichen, von wo aus die Schiffe in Richtung Italien in See stachen. Beide wollten wir unbedingt telefonieren: Ich wollte Tesfay in Italien anrufen und Tesfalem seine Verwandten in Kanada. Um die öffentlichen Telefonzellen zu meiden, in denen immer die Gefahr bestand, abgehört zu werden, kauften wir uns einen Telefonchip. Ein Junge aus Somalia, der ebenfalls in dem Haus am Stadtrand untergekommen war, stellte uns sein Handy zur Verfügung, und so gelang es mir, mehrere Male mit Tesfay zu sprechen. Das erste Mal wurde ich regelrecht überwältigt von meinen Gefühlen: Mein Bruder erkannte mich nicht gleich und antwortete mir mit verhaltener Stimme. Als er schließlich begriff, wer am Telefon war, schrie er laut meinen Namen und bombardierte mich sofort mit Fragen. Von sich erzählte er, er sei vor wenigen Wochen von Deutschland nach Italien zurückgekehrt, habe noch keine Arbeit, lebe aber in einer Wohnung bei eritreischen Freunden.

Die Tage schlichen dahin, und ich fühlte mich immer mehr durch die absurde und unmenschliche Situation, die von der strengen Befolgung des Korans diktiert wurde, gedemütigt. Tesfalem, der auf einem Basar Arbeit als Aushilfe bei einem Gewürzgroßhändler gefunden hatte, erzählte mir eines Tages, ein Getreideverkäufer habe sich damit gebrüstet, eine seiner Frauen verstoßen zu haben, deren »Vergehen« darin bestand, ihm kein Kind geboren zu haben. Er hatte die Frau aus dem Haus gejagt, und ihre Familie hatte sie aus Pflichtgefühl wieder aufgenommen, denn eine verstoßene Frau ist praktisch für ihr restliches Leben gebrandmarkt. Voller Stolz hatte der Mann berichtet, diese Frau habe die Dreistigkeit besessen, ihn in aller Öffentlichkeit für sein Verhalten zu tadeln, doch der Imam der benachbarten Moschee habe ihn dafür gelobt und als nachzuahmendes Beispiel hervorgehoben.

Für mich war eine solche Realität unvorstellbar, und ich fragte mich, wie andere Frauen so etwas akzeptieren konnten. Auch meine eigene Situation erschien mir nun in einem etwas anderen Licht: Ich hatte mich als Opfer gefühlt, weil es in Eritrea keinerlei Zukunftsperspektiven gab und ich gezwungen war, den Militärdienst abzuleisten. Im Sudan jedoch mussten die Frauen ein weit schlimmeres Schicksal ertragen: Sie wurden auf ein Nichts reduziert, zu lautlosen Schatten, die sich dicht an die Häusermauern gedrängt fortbewegten, in gebeugter Haltung, eingehüllt in ihre Schleier, unterdrückt von einer Religion, die sie als minderwertig betrachtete. Als ich darüber mit Tesfalem sprach, antwortete er wie schon des Öfteren: »Du hast Recht, aber hier war das schon immer so, die Frauen können sich nicht einmal vorstellen, ein anderes Leben zu führen, vielleicht hätten sie sogar Angst davor.« Auch dieses Mal hatte er Recht.

Für mich war das keine schöne Zeit. Als Frau war ich in meiner Bewegungsfreiheit sehr eingeschränkt, und es wollte mir nicht gelingen, auf irgendeine Weise zu jener Organisation zu gelangen, welche die illegalen Einwanderer nach Libyen schleuste. Eines Morgens allerdings kehrte Tesfalem vom Markt zurück, nachdem er seine Lieferungen erledigt hatte, und verkündete, er habe gute Nachrichten. »Der Gewürzgroßhändler hat einem libyschen Händler einen Posten verkauft. Ich soll ihm über einen Zeitraum von zehn Tagen drei Säcke pro Tag in sein Lager bringen. Dreißig Säcke, die nach Tripolis transportiert werden müssen. Wenn ich damit fertig bin, soll ich zusammen mit anderen Jungs den Lastwagen nach Tripolis beladen. Ich habe ihn mir bereits angeschaut, er ist bei weitem größer als notwendig, und ich bin mir sicher, dass sich noch genügend Platz darin für illegale Einwanderer findet. Du könntest also mitfahren. Bisher konnte ich noch nicht offen reden, weil ich mich nicht verraten wollte, aber in den kommenden zehn Tagen werde ich bestimmt eine Gelegenheit finden.«

Ich hätte glücklich sein müssen, doch plötzlich begriff ich, dass ich die erneute Reise durch die Wüste ohne ihn antreten würde. Allein. Nicht Angst war der Grund für meine gedämpfte Stimmung, sondern der Gedanke an Trennung. Wie würde ich das alles nur durchstehen ohne Tesfalems Weisheit, seine Anpassungsfähigkeit, seine ständige gute Laune, sein ansteckendes Lachen?

Mein Gesicht musste mehr ausdrücken als mein Schweigen, denn Tesfalem lächelte mir zu.

»Feven, mir tut es auch leid, dass wir uns trennen müssen, aber wir haben keine andere Wahl. Sind wir erst einmal an unserem endgültigen Ziel angelangt, du in Italien und ich in Kanada, werden wir einen Weg finden, uns wiederzusehen. Wir bleiben in Kontakt, mach dir keine Sorgen. Es wird dann viel leichter sein, uns gegenseitig anzurufen oder uns zu schreiben. Wir verlieren uns nicht aus den Augen. Und überhaupt, was machst du ein so trauriges Gesicht? Noch ist es ja nicht so weit …«

Ich entschied, ihm meine Gefühle zu gestehen. »Tesfalem, es kostet mich ungeheuer viel, dich zu verlassen. Ich werde dir immer dankbar sein, und ich will, dass du das weißt. Wenn der Augenblick des Abschieds kommt, werde ich bestimmt kein Wort herausbringen. Ich weiß, wir haben keine Alternative, aber ich muss einfach daran glauben, dass wir uns wiedersehen. Ich muss, weil …« Mir versagte die Stimme.

»Jetzt ist es aber genug, Feven«, erwiderte er gespielt streng. »Einer Frau ist es nicht erlaubt, auf diese Weise zu sprechen. Wenn du nicht gleich damit aufhörst, bleibt mir nichts anderes übrig, als den Imam zu benachrichtigen …«

In diesem Moment ertönte überraschend der Ruf des Muezzins zum Gebet Dhor, zur Mitte des Vormittags. Inzwischen hatte ich gelernt, die Zeit nach diesem Ablauf einzuteilen. In drei Stunden käme das Gebet Asr, jenes vor dem Mittagessen, dann das Gebet Maghreb und schließlich das letzte des Tages, das Gebet Ishaa. Am darauf folgenden Morgen würde der Muezzin noch vor dem Sonnenaufgang zum Gebet Fajr rufen. Wie oft würde ich seinen Ruf noch hören, bevor ich Tesfalem Lebewohl sagen würde? Und wie oft bis zu unserem Wiedersehen?

Tesfalems Vermutungen bestätigten sich. Innerhalb von zwei Tagen fand er heraus, dass der Lastwagen nach Tripolis auch menschliche Fracht transportieren würde. Obendrein stellte sich jener libysche Kaufmann als Mitglied einer großen Organisation heraus, die ihr Geld mit Menschenhandel verdiente. Als Nächstes galt es herauszufinden, wie viel die Fahrt kostete, ob noch Platz frei war, ob es sich um ein risikoreiches Unterfangen handelte und ob man der Organisation trauen konnte. Um seriöse Informationen zu erhalten, konnte man sich natürlich nicht direkt an jenen libyschen Kaufmann wenden. Wenn es um Geld ging, hätte er sicher geschworen, dass die Wüstendurchquerung eine sichere, wenn nicht gar unterhaltsame Reise wäre.

Ein weiteres Mal war das Glück auf meiner Seite. Ein neuer Mieter kam in das von uns bewohnte Haus – ein junger Somali, der wie ich nach Italien wollte und bereits die Wüstendurchquerung nach Tripolis mit einer sudanesischen Organisation versucht hatte. Von ihm erhielt ich alles andere als beruhigende Informationen. Seine Reise war auf dramatische Weise gescheitert: Zwei Menschen waren in der Wüste umgekommen, zwei weitere schwerkrank nach Khartoum zurückgekehrt. Er selbst hatte die sudanesische Hauptstadt am Rande einer Dehydrierung erreicht, die ihm die darauf folgenden Wochen keine geringen gesundheitlichen Probleme bereitet hatte.

Sein Bericht war erschreckend: Sie waren mit einer Gruppe von etwa zwanzig Personen aufgebrochen, als nach zwei Tagen – sie befanden sich noch auf sudanesischem Gebiet – eine Achse ihres Lastwagens gebrochen war. Ein schwerer, irreparabler Schaden, doch zum Glück besaß ihr Lastwagen ein zusätzliches Achsenpaar mit Rädern, die unter normalen Bedingungen nicht auf dem Boden aufsetzen. Man musste jene nur abmontieren und mit der gebrochenen austauschen, doch selbst in einer gut ausgestatteten Werkstatt wäre dies eine zeitaufwendige Arbeit gewesen. Dort, in der Wüste, mit schlechtem beziehungsweise gar keinem Werkzeug, blieb dies ein fast hoffnungsloses Unterfangen. Erst nach drei Tagen hatte der Lastwagen seine Fahrt wieder aufnehmen können.

Die erzwungene Rast unter der Sonne ohne die Möglichkeit, sich vor ihr zu schützen, hatte einen Großteil der Reisenden geschwächt, weshalb sie einen Teil ihrer Essensvorräte und ihres Trinkwassers aufbrauchen mussten, die für die ganzen zehn Tage vorgesehen waren. Durch die notdürftige Reparatur kam der Lastwagen nur sehr langsam von der Stelle, und eines Tages verkündete der Fahrer, dass es bis zum Ziel noch weitere zwei Wochen dauern würde. Die Grenze war noch weit entfernt, und bis zur ersten Oase, wo man die Wasservorräte neu auffüllen konnte, waren es noch einige Tage. Unter diesen Umständen musste darüber entschieden werden, ob man die Fahrt weiter fortsetzen oder umkehren sollte. Der Fahrer hatte sich für eine Umkehr ausgesprochen: Khartoum war näher, in weniger als zehn Tagen könnten sie dort ankommen, außerdem war die Straße dorthin weniger holprig als jene nach Tripolis, auf der immer die Gefahr einer erneuten Panne bestand. Sieben äthiopische Mitreisende hatten jedoch protestiert, andere wiederum vom Fahrer die Garantie eingefordert, ihr Geld zurückerstattet zu bekommen. Der arme Teufel hatte ihnen nichts garantieren können, und so war eine Schlägerei entstanden, an deren Ende einer der äthiopischen Jungen von einem Messer verletzt wurde. Mit der Entscheidung, den Verletzten zurück nach Khartoum zu bringen, hatte eine neue Odyssee begonnen: Der Lastwagen war nur in kriechendem Tempo vorangekommen, und schon bald waren die erschöpften Reisenden ohne Wasser und Essen, dafür mit der Aussicht auf mindestens weitere zehn Tage Fahrt durch die Wüste. Von diesem Moment an hatten sich die Stärksten mit Gewalt gegen die Schwächsten durchgesetzt und ihnen Wasser und Essen gestohlen. Irgendwann war ein somalischer Junge, der Jüngste der Reisenden, nach einer Rast nicht mehr in der Lage gewesen, in den Lastwagen zu steigen, und ohnmächtig in der Wüste zurückgelassen worden. Ein anderer war während der Nacht vom fahrenden Lastwagen gefallen: Niemand war ihm zu Hilfe geeilt, und es war offensichtlich, dass jemand ihn hinuntergestoßen hatte, um an seine Vorräte zu gelangen. Als der Lastwagen schließlich Khartoum erreichte, waren die Reisenden am Rande ihrer Kräfte und litten fast alle unter schwerster Dehydrierung.

Während er erzählte, spürte ich, wie es mir den Hals zuschnürte. Ich als Frau würde niemals eine solch harte Prüfung durchstehen können, und es war allgemein bekannt, dass alle Organisationen auf Kosten der illegalen Einwanderer ihr Geld machten. Jene, die für eine solche Reise zahlten, wussten, auf was sie sich einließen: alte, gebrechliche und wenig sichere Transportmittel mit Fahrern ohne Skrupel, jederzeit bereit, einen Reisenden, der ihnen Probleme bereitete, in der Wüste zurückzulassen.

Am Abend sprach ich mit Tesfalem darüber, und auch er zeigte sich besorgt. »Ja, Feven, die Reise ist zu riskant. Zu lang, als dass keine Probleme entstehen könnten. Derjenige, der sie organisiert – wer immer das auch sein mag – kennt keine Skrupel, genau wie mein Arbeitgeber: Hat er erst einmal das Geld in der Tasche, interessiert ihn nichts weiter. Was immer auch in der Wüste passiert, betrifft ihn nicht. Bringt der Fahrer den Lastwagen wieder zurück, umso besser, wenn nicht, muss er von seinem Gewinn lediglich die Kosten für einen verloren gegangenen Schrotthaufen abziehen.«

»Was soll ich nur tun? Der einzige Ort, an dem ich sicher bin, ist Italien, bei Tesfay.«

»Ich rufe morgen meine Verwandten in Kanada an und frage sie, ob sie auch dich einladen können, damit du ein Visum für Kanada erhältst. Dann müssen wir allerdings auch das Geld für deinen Flug auftreiben.«

»Nein, Tesfalem. Ich muss erst Genaueres über die Fahrt nach Tripolis und die Risiken herausfinden, dann entscheide ich. Ich kann Tesfay nicht im Stich lassen. Ich weiß, dass er in Gedanken bei mir ist und mich in seiner Nähe haben will. Und was soll ich meinen Eltern sagen, die in meine Reise investiert haben, um uns beisammen zu wissen – dass ich beschlossen habe, woanders hinzugehen?«

»Du hast Recht, aber weder Tesfay noch deine Eltern würden wollen, dass du diesen Wahnsinn in der Wüste mitmachst.« Tesfalem schwieg. Er machte ein finsteres Gesicht, wie immer, wenn er über die Lösung eines Problems nachdachte. Als er erneut zu sprechen begann, war seine Miene entschlossen. »Feven, tu, was du für richtig hälst, aber ich möchte, dass du mir eines versprichst: Bevor du die Reise antrittst, möchte ich, dass du Tesfay anrufst und ihn über alles informierst: Bedingungen, Risiken und so weiter. Warten wir ab, was er sagt. Ich bin sicher, du schaffst es, aber wenn dir etwas zustoßen sollte, möchte ich nicht der Einzige sein, der über die Dinge Bescheid wusste und dich nicht mit allen Mitteln davon abgehalten hat. Das würde ich mir niemals verzeihen.«

»In Ordnung, Tesfalem. Morgen rufe ich Tesfay an und erzähle ihm alles.«

Am nächsten Tag rief ich Tesfay vom Handy des somalischen Jungen aus an. Ich bat Tesfalem, während des Telefonats anwesend zu sein, um mitzuhören. Als Tesfay abnahm, meinte ich, aus seiner Stimme eine große Müdigkeit oder eine gewisse Mutlosigkeit herauszuhören, und ich fragte ihn, ob etwas nicht in Ordnung sei.

»Alles okay, Feven, ich kämpfe mich durch und bin gesund, aber es gibt keine Arbeit. Ich dachte, es sei leichter, etwas zu finden. Ich habe alle Märkte der Stadt abgeklappert. Ich würde alles tun, aber es war nichts zu machen. Jetzt erzähl du von dir.«

Nachdem ich ihm Mut zugesprochen hatte, berichtete ich ihm von der Reise durch die Wüste bis nach Tripolis. Tesfalem verfolgte jedes einzelne Wort. Tesfay stellte mir viele Fragen, hörte meine Antworten an, und plötzlich brach es aus ihm heraus: »Das kommt überhaupt nicht in Frage! Feven, hörst du? Ich bin dein ältester Bruder, und ich verbiete dir, diese Reise zu machen!«

»Aber ich habe keine andere Wahl, Tesfay. Ich kann und will nicht hier in Khartoum bleiben ...«

Am anderen Ende der Leitung herrschte Stille. Ich hatte eine heftige Reaktion erwartet, aber Tesfay schwieg. So erklärte ich ihm schüchtern, wie ich mich fühlte.

»Ich habe nicht ganz Eritrea und den Sudan unter Lebensgefahr durchquert, um nun hier meine Zeit zu vergeuden, verstehst du? Khartoum ist eine absurde Stadt, wo eine Frau absolut keine Rechte besitzt. Abgesehen davon, was das Leben hier kostet, Tesfay. Ich habe schon fast meine ganze Reserve verbraucht, ich muss eine Entscheidung treffen, ich kann nicht mehr lange warten ...«

Ich meinte, ihn seufzen zu hören. »Ich schicke dir das Geld für einen Flug von Khartoum nach Tripolis.«

Ich wusste nicht, was ich sagen sollte. Das war ein riesiges Opfer, er hatte nicht einmal Arbeit.

»Aber woher willst du das Geld nehmen? Ich möchte das nicht, Tesfay, du musst dir eine eigene Unterkunft suchen, du kannst nicht weiterhin auf Kosten deiner Freunde leben, du musst an dich denken. Wir haben schon genug für meine Flucht ausgegeben, jetzt muss ich mich alleine durchschlagen. Ich werde schon zurechtkommen, mach dir keine Sorgen.«

»Feven, ich habe gesagt, dass du diese Reise nicht machst! Ist das klar?«

Dieses Mal hatte seine Stimme einen verärgerten Befehlston angenommen. So hatte ich ihn noch nie erlebt.

Ich gab auf. »Ist gut.«

Als ich kurz darauf das Gespräch beendete, trat Tesfalem auf mich zu. Er lächelte zufrieden.

»Du hattest Recht. Du hast immer Recht«, sagte ich zu ihm.

»Und du bist eine mutige Frau, Feven.«

Ich lächelte, ohne zu wissen, dass schon der nächste Tag zeigen würde, wie weit mein Mut ging. Eine weitere erschütternde Prüfung erwartete mich. Unmenschlich wie das Land, in dem ich mich befand.

17

Schuldig

Ein lauter Krach ließ mich mitten in der Nacht aufschrecken. Der Wasserkrug lag in tausend Scherben über die Erde verstreut. Jemand richtete ein Licht direkt auf meine Augen. Um mich herum vernahm ich die schweren Schritte mehrerer fluchender Männer.

Das Licht stammte von einer Taschenlampe. Als sie es beiseiteschwenkten, wurde für einen kurzen Moment die weiße *djellaba* eines der Männer angeleuchtet. Dann richtete ein anderer Mann die Lampe wieder auf mich. Noch benommen und voller Schrecken versuchte ich zu schreien, aber meine Stimme versagte.

»Hier ist sie, hier ist sie … Es ist eine Frau, das ist sie!«, sagte der Mann.

»Zeig sie mir«, entgegnete ein zweiter etwas ruhiger.

»Es ist ein Mädchen, so wie es der Imam gesagt hat«, sagte der Mann mit der Taschenlampe in der Hand.

»Woher kommst du?«, fragte ein weiterer, der offensichtlich hinter dem anderen stand.

»Aus Eritrea. Was wollt ihr? Wieso sucht ihr mich?«, stotterte ich.

Anstelle einer Antwort warf der etwas abseits stehende Mann meine Kleider, die ich auf einen Schemel gelegt hatte, vor mein Feldbett auf den Boden. »Zieh dich an!«, befahl eine Stimme. Ich spürte, dass außer diesen Männern, die mit mir sprachen, weitere im Raum sein mussten, aber ich konnte nicht erkennen, wie viele es waren. Ich befahl mir, klar zu denken. Hätten sie vorgehabt, mich zu vergewaltigen, hätten sie sich bereits auf mich gestürzt. Doch stattdessen waren sie auf Abstand zu mir gegangen. Was also wollten sie?

Die Männer hatten sich einige Schritte von mir entfernt und mir den Rücken zugewandt, während ich mich anzog. Wo war Tesfalem? Was hatten sie mit ihm gemacht? Und was mit den anderen jungen Männern, die in dem Haus wohnten?

Vielleicht steckte die Erklärung für das alles in dem einen Satz: *Es ist ein Mädchen, so wie es der Imam gesagt hat*. Ja, natürlich! Jemand hatte die islamischen Behörden davon in Kenntnis gesetzt, dass in diesem Haus illegale Einwanderer untergebracht waren, unter denen sich sogar eine Frau befand, was für Muslime an einen Skandal grenzte. Aber wo war Tesfalem? Ihm wäre gewiss eine Lösung eingefallen, er hätte sich mit den Männern geeinigt. Was war, wenn sie ihn bereits fortgebracht hatten? Wenn sie uns keine Möglichkeit geben würden, miteinander zu sprechen, gemeinsam zu überdenken, was zu tun war?

Es war Tesfalem gewesen, der mir dazu geraten hatte, in einem anderen Raum zu schlafen als jenem, in dem er mit den restlichen jungen Männern untergebracht war, und zwar genau aus dem Grund, um gefährliche Anschuldigungen zu vermeiden.

Als ich angekleidet war, forderte mich der Mann, der die Befehle erteilte, auf, ihnen den Gang entlang bis zum Eingang zu folgen. Erleichtert erblickte ich dort die anderen Jungen und Tesfalem. Die Männer hatten sie dort versammelt und ihnen befohlen, sich auf den Boden zu setzen. Sie wurden von zwei weiteren Männern in *djellaba* und Turban bewacht. Das einzige, schwache Licht kam von zwei Öllampen. Sie forderten mich auf, mich ein Stück entfernt von den Jungen niederzulassen. Der Anführer setzte sich vor uns auf einen Hocker und wandte sich an mich.

»Wie heißt du?«

»Feven Abreha Tekle.«

»Feven, du weißt, dass es das Gesetz verbietet, mit anderen Männern außer dem eigenen zu schlafen? Ist einer von diesen jungen Männern dein Ehemann?«

»Nein. Aber ich habe nicht mit ihnen geschlafen, ich war in meinem Zimmer.«

»Ein Zimmer, dessen Tür nicht verschlossen war. Ein jeder hätte zu dir kommen können.«

»Aber niemand hat es getan. Und selbst wenn, hätte ich ihn zurückgestoßen!«

»Dir bleibt nichts anderes übrig, als so zu antworten. Auch wenn jemand von ihnen während der Nacht zu dir gekommen wäre, würdest du es nicht zugeben. Niemand beschuldigt sich selber, aber die Tatsachen sprechen gegen dich, das musst du zugeben.«

»Einen Moment!« Tesfalems Stimme hallte in dem Zimmer wider. Er hatte sich erhoben und sprach in ruhigem, sicherem Ton zu dem Mann, der mich verhörte: »Ich kann dafür garantieren, dass niemand der Männer, die ihr in diesem Haus vorgefunden habt, mit Feven geschlafen hat. Sie ist meine Cousine, und ich habe auf sie aufgepasst. Wir sind gemeinsam aus Eritrea aufgebrochen und nur auf Zwischenstation in Khartoum. Ihre Familie hat sie mir anvertraut, und ich hätte es nicht zugelassen, dass jemand sie missbraucht.«

Der Mann schien überrascht zu sein und schwieg

nachdenklich. Dann, als wolle er nicht als Verlierer dastehen, schob er jegliche Verantwortung von sich.

»Der Imam der Moschee soll darüber entscheiden, ob ihr vor das islamische Gericht gehört oder nicht«, verkündete er das Urteil. Er erhob sich und befahl mir und Tesfalem, ihm zu folgen. Die anderen Jungen hatte er plötzlich vollkommen vergessen.

Wenn dieser nächtliche Überfall allein religiös motiviert war, sagte ich mir, würde sich alles in Wohlgefallen auflösen. Niemand würde von uns Schmiergeld verlangen, um damit einer Auslieferung an die Behörden zu entgehen, und wären wir erst wieder frei, könnten Tesfalem und ich in unsere Unterkunft zurückkehren.

Wir erreichten die Moschee genau in dem Moment, als der Muezzin zum Gebet Fajr rief, dem ersten des Tages. Wir warteten unter einem Torbogen seitlich des Haupteingangs und betrachteten Männer mit Bärten und Kopfbedeckungen, die aus den Gassen strömten, um dem Ruf nach dem Morgengebet nachzukommen. In kürzester Zeit war die Moschee voller Menschen, und der Imam begann mit dem Gebet. Stehend richtete er sich an die Gläubigen mit einem gewaltigen Singsang, der durch einen Lautsprecher verstärkt wurde und immer wieder durch Momente der Stille unterbrochen wurde, in denen sich die Menge niederbeugte, bis sie mit der Stirn die ausgebreiteten Teppiche berührte. All diese Männer schienen von einem tiefen, alten Glauben erfüllt zu sein. Wie war es nur möglich, dass sich dieser Glaube, der auf mich wie etwas Bedeutendes, Intimes, Lebendiges und Positives wirkte, zu einer absurd erscheinenden Religion der Unterdrückung und des Obskurantismus verkehren konnte?

Nachdem das Gebet beendet war, empfing uns der Imam. Der islamische Gelehrte war um die sechzig, trug einen weißen Bart, der ihm fast bis auf die Brust reichte, und besaß besonders eindringliche Augen, mit denen er die Seele seines Gegenübers zu durchbohren schien. Er ließ den Mann, der uns hierher gebracht hatte, Bericht erstatten, schwieg einen Moment und richtete sich dann an Tesfalem.

»Du bist also der Cousin dieser Frau, und sie wurde dir für die Dauer der Reise anvertraut?«

»Ja.«

»Und du weißt nicht, dass über eine Frau zu wachen auch bedeutet, sie nicht zusammen mit anderen Männern in einem Haus schlafen zu lassen, ohne die entsprechenden Vorkehrungen zu treffen?«

»Ich habe mich immer wieder vergewissert, dass niemand sie gefährdet und auch sie selber keine schändlichen Absichten hegt. Im Übrigen kenne ich sie sehr gut, und ich weiß, dass Feven eine ehrenwerte und gehorsame Frau ist.«

»Ist sie in eurem Land verheiratet?«

»Nein. Ihre Eltern haben sie mir genau aus diesem Grund anvertraut.«

»In dieser Angelegenheit hast du dich ebenso ungebührlich verhalten wie sie. Wie kann eine Frau zustimmen, an einem Ort, an dem es von Männern wimmelt, zu übernachten, und dann auch noch ohne jeglichen Schutz? Du, Tesfalem, hast dich schuldig gemacht, indem du nicht die angemessenen Bedingungen zum Schutze einer Frau geschaffen hast, aber sie hat sich doppelt schuldig gemacht, weil sie dem Ganzen zugestimmt hat. Ich kann verhindern, dass ihr einem Gericht vorgeführt werdet, denn ich habe die Macht, euch jene Strafe aufzuerlegen, die ich als angemessen erachte für ein Vergehen, wie ihr es begangen habt. Akzeptiert ihr die Strafe nicht, zu der ich euch verurteile, könnt ihr ein islamisches Gericht einer höheren Instanz anrufen, wovon ich euch allerdings abrate. Es könnte euch ein weit strengeres Gerichtsverfahren erwarten, bei dem ihr möglicherweise zu einer höheren Strafe verurteilt werdet.«

»Wir akzeptieren das Urteil«, sagte Tesfalem, »und wir sind Euch für Eure Gnade dankbar. Haben wir erst unsere Schuld bezahlt, werden wir uns verhalten, wie Ihr es uns aufgetragen habt. Haben wir die Anweisungen bisher nicht befolgt, so nur, weil sie uns nicht bekannt waren. In unserer Heimat gehört nur ein Teil der Bevölkerung dem Islam an, und das islamische Gesetz wird nicht angewendet.«

»Das ist keine Entschuldigung«, schloss der Imam. »Dennoch werde ich gnädig sein. Ich verurteile Feven zu vierzig Peitschenhieben und Tesfalem zu zwanzig. Die Vollziehung der Strafe wird heute Abend, nach dem Nachmittagsgebet, stattfinden. Anschließend werden meine Wächter kontrollieren, ob in dem Gebäude, in dem ihr untergebracht seid, die notwendigen Vorkehrungen getroffen wurden, damit Feven für andere Männer keine Versuchung darstellt.«

Mir stockte der Atem. Ich stellte eine Gefahr dar, eine Versuchung für jeden Mann, der nur in meine Nähe kam. Nicht nur, dass ich dazu gezwungen wurde, verschleiert herumzulaufen, vermummt von Kopf bis Fuß, selbst dann war ich noch immer etwas Unreines, ein Wesen, das man besser mied, das man lieber auf Distanz hielt. Der Imam hatte sich kein einziges Mal an mich direkt gewandt, er brauchte sich nicht anzuhören, was ich dazu zu sagen, was ich zu meiner Rechtfertigung vorzubringen hatte. Es hatte genügt, die Stimme eines Mannes zu hören, und er hatte nicht einmal feststellen lassen, ob Tesfalem wirklich mein Cousin war. Und nun musste ich auch noch diese Marter ertragen! In jenen Wochen in Khartoum hatte ich des Öfteren von Auspeitschungen gehört und wusste, dass sie sehr schmerzhaft sein konnten. Waren vierzig Hiebe eine harte Strafe? Würde ich für den Rest meines Lebens Narben davontragen? In diesem angsterfüllten Moment verspürte ich eine große Dankbarkeit Tesfalem gegenüber, der sich bestrafen ließ, ohne etwas verbrochen zu haben, allein aus dem Grund, um mich zu schützen. Aber ich hatte noch nicht begriffen, wie weit seine Großherzigkeit ging.

Der Imam überließ uns vier Männern zur Bewachung und war bereits im Begriff hinauszugehen, als Tesfalem ihn zurückhielt. »Ich trage die Verantwortung für diese Frau«, sagte er zu ihm. »Ich weiß, dass sie sehr schwach ist, da sie kurz vor unserer Abreise schwer krank war. Wenn die Peitschenhiebe sie noch mehr schwächen und sie dadurch vielleicht sogar erneut erkrankt, wüsste ich nicht, wie ich das ihren Eltern erklären sollte, die das Leben ihrer Tochter in meine Hände gelegt haben. Ich bitte Euch darum, mich an ihrer Stelle auszupeitschen und mir sechzig Hiebe zu geben.«

»Ich verstehe deine Bitte«, sagte der Imam, berührt von so viel Selbstaufopferung. »Aber diese Frau kann nicht ohne Strafe bleiben. Ich mache allerdings eine Ausnahme: Zwanzig ihrer Peitschenhiebe wirst du erhalten, also vierzig insgesamt.«

Die Wächter des Imam führten uns in einen abgeschlossenen Garten, der an die Moschee angrenzte, wo wir das Abendgebet und unsere Bestrafung abwarten würden. Endlich waren Tesfalem und ich allein. Ich war ihm unendlich dankbar und empfand ihm gegenüber eine unermessliche Zuneigung, aber in jenem Moment kamen nur Worte der Wut über meine Lippen.

»Was ist nur in dich gefahren? Du hast die ganze Verantwortung auf dich genommen und hättest dich auch noch an meiner Stelle auspeitschen lassen! Du kannst nicht dauernd nur an mich denken. Das will ich einfach nicht! Ich fühle mich dadurch so eingeschränkt, vor allem hier, in diesem verfluchten Land, wo Frauen weniger als ein Nichts sind! Verstehst du nicht, dass du dadurch die Dinge so nur noch schlimmer machst?«

»Psst! Schrei nicht so, einer Frau ist es nicht gestattet, in diesem Ton mit einem Mann zu sprechen.« Tesfalem wies auf die zwei Wächter vor dem Gitter. »Mich als deinen Cousin auszugeben, war die einzige Möglichkeit, deine Schuld zu mildern. Hätte ich mich nicht für dich eingesetzt, hätten sie dich schwer bestraft und anschließend vielleicht sogar zurück nach Eritrea geschickt. Und was die Peitschenhiebe betrifft, so wusste ich, dass der Imam dir nicht alle erlassen würde. Ich wollte nur, dass er die Anzahl senkt. Das ist schon gut so, glaub mir. Du hättest dich an meiner Stelle genauso verhalten.«

Nachdem meine Wut verdampft war, kam ich zu der Frage, die mich am meisten quälte. »Womit peitschen sie uns aus, Tesfalem? Ist es wirklich so schmerzhaft, wie man sich erzählt?«

»Ich befürchte ja. Hoffen wir, dass keine weiteren Folgen daraus entstehen. Es wäre schlecht, wenn wir Schäden zurückbehalten würden, dann müssten wir unsere Pläne verschieben. Trotzdem glaube ich, wir haben es noch ganz gut erwischt. Hier im Sudan werden Frauen schon wegen des geringsten Verstoßes zu Tode gesteinigt, Dieben wird eine Hand abgehackt. Man bestraft Menschen mit Verstümmelung und Folter für Vergehen, die in Eritrea nicht mal geahndet würden.« Tesfalem schwieg, und meine Furcht war noch größer als zuvor. Es war inzwischen heiß geworden. Die Sonne stand senkrecht über unseren Köpfen, die nur wenig von den Zweigen eines verdorrten, kleinen Baumes geschützt wurden. Ich dachte an meine Eltern, an Tesfay, daran, dass sie sich nicht im Geringsten vorstellen konnten, was ich im Augenblick durchmachte. Dann ertönte der Ruf zum Mittagsgebet. Der nächste Gesang des Muezzins würde den Moment der Urteilsvollstreckung ankündigen.

»Tesfalem, ich habe Angst; ich glaube, jetzt ist es so weit.«

Einer der Aufseher trat auf die beiden Wachposten zu. Nachdem sie sich verständigt hatten, betrat einer von ihnen den Garten und gab uns ein Zeichen mitzukommen. Als ich aufstand, hob eine leichte Brise den Schleier, der mein Gesicht umgab, und der Wind strich über die einzigen unbedeckten Teile meines Körpers: die Jochbögen und die Augen. In diesem Lufthauch lagen die Gerüche des Flusses, und der Gedanke an Wasser verlieh mir ein Gefühl der Frische. Wie wunderbar wäre es, den Wind in normalen Kleidern zu genießen! Ich dachte an die eritreische Hochebene und die abendliche Frische, die nach einem feuchtheißen Tag alle wieder aufleben ließ. Meine Hände, die ich zu Fäusten geballt hatte, waren schweißbedeckt. Ich musste Ruhe bewahren, Ruhe … Ich öffnete meine Fäuste und atmete tief durch. Einer der Aufseher ging vor uns, die anderen beiden bewachten uns von hinten. Wir machten einen Halbkreis um die Moschee und gelangten dann in einen anderen, weitläufigen Garten. Man bedeutete mir zu warten, während der Aufseher, der uns hierher geführt hatte, Tesfalem anwies, ihm durch eine Tür zu folgen, hinter der sich wahrscheinlich ein zweiter, anliegender Garten befand. Nun trennte uns eine etwa mannshohe Lehmmauer voneinander. Ich folgte Tesfalem mit meinem Blick. Er drehte sich kein einziges Mal um und war schließlich über die Schwelle verschwunden. Plötzlich dachte ich an die Peitsche, und mir wurde bewusst, dass ich am ganzen Körper zitterte. Ich sah mich um. Wer würde mir meine Strafe erteilen? Im Garten waren die zwei Aufseher zurückgeblieben. Würde einer von ihnen mich auspeitschen? Wie konnte er zu so etwas nur fähig sein?

Durch das Eingangsgitter trat ein hinkender, auf einen Stock gestützter, alter Mann. Die beiden Aufseher begrüßten ihn, dann tauschten sie die üblichen Höflichkeiten aus und gingen schließlich hinaus. Da war er, mein Folterknecht, mein Peiniger! Ich hoffte, er würde Töchter haben, Erbarmen zeigen. Der Alte würdigte mich keines Blickes, ging schnurstracks auf einen Bretterverschlag zu und kam mit einer Peitsche, die er in der Luft schnalzen ließ, wieder heraus. Zufrieden wiederholte er diese Geste, und ich vernahm das unheilvolle Knallen der Rute.

Der Mann gab mir Anweisung aufzustehen, mich umzudrehen und mit den Händen gegen den Stamm eines trockenen Baumes zu stützen. Dann trat er zurück, und fast gleichzeitig, ohne mir Zeit zum Durchatmen oder Beten zu lassen, durchfuhr meinen Oberkörper ein schneidender Schmerz. Meine Beine knickten unter mir weg, und ich sank auf die Knie. Der Mann reagierte nicht rechtzeitig und verfehlte sein Ziel. So traf mich der zweite Schlag auf den Schultern. Das untere Ende der Peitsche schlang sich fast um meinen Hals und löste ein Stück meiner Haut ab. Ich schrie. Es kam mir vor, als sei dieses Stück Leder geradewegs in meinen Rachen gedrungen. Der dritte Schlag traf mich mit voller Kraft auf den Rücken, und ich hatte das Gefühl, jemand stieße ein Messer durch meine Brust. Der vierte Schlag traf meine Lenden und riss mich in zwei Stücke. Ich wollte wegrennen, aufstehen, dieser Qual entfliehen. Ich bewegte mich, doch ein weiterer Schlag drückte mich erneut gegen den Baumstamm. Die Schläge prasselten in regelmäßigen Abständen auf mich nieder, auf jeden einzelnen Teil meines Körpers, und für einen Moment dachte ich, die Qual, bei lebendigem Leib verbrannt zu werden, könnte nicht größer sein. Mein Rücken musste inzwischen eine einzige offene Wunde sein. Lautlos flehte ich um Erbarmen, doch ein weiterer Hieb ließ mich auf dem Boden zusammenbrechen. Ein Schlag nach dem anderen, wieder und wieder. Der Alte wollte nicht aufhören. Ich sterbe, dachte ich und verlor das Bewusstsein.

Als ich wieder zu mir kam, befand ich mich auf meinem Feldbett in dem Gebäude, in dem wir untergebracht waren. Ich lag mit dem Gesicht nach unten, und mein

Rücken fühlte sich an, als sei er mit der glimmenden Asche eines Feuers überschüttet worden. Ich hatte Durst, einen unkontrollierbaren Durst, und hätte mich gerne unter einen eiskalten Wasserstrahl gestellt, der mein Leiden etwas gemildert hätte. Einen Moment lang erschien mir alles wie ein Traum, als sei ich wieder zu dem Moment heute Morgen zurückgekehrt, als die Aufseher des Imam in mein Zimmer eingedrungen waren. Vielleicht war ja wirklich alles nur ein Traum. Ich würde aufwachen und Tesfalem im Nebenzimmer hören, wie er sich für die Arbeit auf dem Markt zurechtmachte. Dann kehrte ich in die Realität zurück. An meiner Seite befand sich ein Mädchen, das vom Imam geschickt worden war, um meine Wunden zu versorgen. Diese Aufgabe konnte nur eine Frau übernehmen, denn mein Körper stellte selbst in diesem entstellten und gepeinigten Zustand noch immer eine Versuchung für den Mann dar. Das Mädchen hatte meine zerrissenen Kleider angehoben und strich eine Salbe auf meine Verletzungen. Tesfalem!, fuhr es mir plötzlich durch den Kopf. Wie es ihm wohl ging? Wo war er? Hatte er es geschafft, vierzig Peitschenhiebe zu überstehen?

Ich fragte das Mädchen, das mir mit zarter Stimme antwortete. »Es geht ihm gut, auch er wird versorgt. Mach dir keine Sorgen, die Wunden sind nicht tief. Du wirst schnell wieder gesund. Schon in einigen Tagen werden sich Krusten gebildet haben.« Dann fügte sie mit einem ironischen Grinsen hinzu: »Dein Cousin hatte Glück. Der Alte, der dich ausgepeitscht hat, hat sich anschließend auch ihn vorgenommen. Er war schon müde, und so sind die Schläge nicht tief ins Fleisch gedrungen. Ein schönes Glück, nicht wahr?«

Ich blickte sie hasserfüllt an. Was waren das nur für Menschen? Diese Frage ließ mich nicht mehr los, bis ich schließlich einschlief.

Als ich erneut aufwachte, fühlte sich mein Mund pelzig an. Ich hatte Durst. Es kam mir so vor, als könne mein Körper gar nicht genug Wasser aufnehmen. Das Mädchen hatte einen Krug neben mein Feldbett gestellt. Es musste inzwischen später Vormittag sein, denn es war bereits sehr heiß. Von draußen drangen die gedämpften Geräusche der Stadt ins Zimmer.

Der schneidende Schmerz am Rücken hatte inzwischen einem dumpfen Unwohlsein Platz gemacht, dessen Ursprung ich erahnen konnte: die Wunde am Hals, die mich zwang, ständig mit nach links gedrehtem Kopf zu liegen, sowie ein tiefer, schmerzender Schnitt auf der Brust. Ich trank, wobei ich versuchte, mich seitlich aufzustützen. Das Wasser war frisch, und es tat mir gut, es meinen Rachen und die Kehle hinabfließen zu spüren. Wie viel Zeit war vergangen, seit wir ausgepeitscht worden waren? Ich fand keine Antwort darauf. Es wollte mir nicht gelingen nachzuvollziehen, wie lange ich geschlafen hatte. Wie ging es Tesfalem? Nach der doppelten Anzahl von Schlägen gewiss um einiges schlechter als mir. Ich stellte mir vor, dass er wahrscheinlich genau wie ich in seinem Zimmer lag. Meine Zimmertür war verschlossen, aber unterhalb der Zimmerdecke befanden sich einige Lüftungslöcher. Würde ich ihn rufen, müsste er mich hören können. Ich hielt es nicht länger aus, ich musste wissen, wie es ihm ging. Also stützte ich mich auf meine Ellbogen und schrie: »Tesfalem, hörst du mich?«

»Hallo, Feven!« Seine Stimme erreichte mich erst nach einer längeren Pause. Vielleicht hatte ich ihn geweckt, vielleicht hatte es ihn angestrengt zu antworten, aber sein Tonfall war wie eh und je gelassen und ruhig.

»Wie geht es dir? Wie schön, deine Stimme zu hören! Du lebst!«

»Ich fühle mich, als wäre ein Lastwagen über meinen Rücken gefahren, aber die Wunden verheilen bereits. Und du?«

»Wie viele Tage sind vergangen?«

»Zwei. Sag mir, wie's dir geht.«

»Es geht mir gut, Tesfalem.«

»Morgen können wir vielleicht schon aufstehen, Feven, und ich komme dich besuchen.«

Die Wunden verheilten schnell, und Tesfalem kehrte schon bald zu seiner Arbeit auf dem Markt zurück. Ich beschloss, Tesfay nichts von dem zu erzählen, was mir passiert war. Ich konnte ihn nicht noch mehr beunruhigen. Am Telefon wirkte er sehr angespannt, doch jedes Mal riet er mir zur Geduld, vielleicht weil er befürchtete, ich würde mir zu viele Gedanken machen. Schon bald würde er mir das Geld für den Flug nach Tripolis schicken, versprach er. Ich konnte mir ausmalen, welche Opfer er aufzubringen hatte und welche Entbehrungen er sich auferlegen würde. Immer wieder sagte ich mir, wie glücklich ich mich schätzen konnte. Mein geliebter Bruder wachte aus der Ferne über mich, und ich war mir sicher, dass auch meine Eltern oft an mich dachten, was mir neue Kraft gab.

Außerdem hatte ich Tesfalem. Die Begegnung mit ihm war möglicherweise das entscheidende Erlebnis. Er war ein außergewöhnlicher junger Mann. War ich in ihn verliebt? Vielleicht. Hätten wir uns unter anderen Umständen kennen gelernt, wäre vielleicht mehr zwischen uns entstanden, aber in dieser Situation war es unmöglich. Jegliche Art emotionaler Verwicklung hätte unsere Pläne durcheinander gebracht. Wir durften nicht einmal daran denken. Und er? Wie stand er zu mir? War er verliebt? Aus welchem anderen Grund hätte er das alles für mich getan? Natürlich war er großzügig, selbstlos, aufrichtig zu allen, aber mein Instinkt sagte mir, dass er mir gegenüber andere Gefühle hegte. Das Schicksal war grausam zu uns: Wir durften uns nicht lieben, mussten unseren Weg weitergehen … Und dennoch konnte ich den Gedanken nicht ertragen, nicht mit ihm darüber gesprochen zu haben. Das Geld von Tesfay für den Flug nach Tripolis würde eines Tages eintreffen, und dann bliebe nicht mehr viel Zeit. Ich wollte, dass wir uns zumindest versprachen, uns wiederzusehen, sobald das Leben es zuließ, und vielleicht gemeinsam neu anzufangen. Die Gelegenheit kam eines Nachmittags auf dem Basar. Tesfalem achtete sorgsam darauf, nicht zu viel auszugeben, denn er wollte so schnell wie möglich das Geld für den Flug nach Kanada zusammenhaben. Mitunter lief er bis zu dreimal den ganzen Basar ab, bevor er irgendetwas kaufte. In scherzendem Ton sagte ich ihm, er sei der Mann, von dem alle Frauen träumten. Er lächelte, ohne mich dabei anzuschauen. Ich hakte nach.

»Tesfalem, versprich mir, dass wir uns schreiben, sobald wir in Sicherheit sind, dass wir in Kontakt bleiben und uns sobald wie möglich wiedersehen. Ich komme zu dir oder du zu mir. Versprich mir, dass wir uns irgendwo, frei von anderen Gedanken, hinsetzen, um über uns zu sprechen. Versprich es mir, bitte …«

»Wir haben bereits darüber gesprochen, Feven. Auch ich will das«, sagte er sanft, doch in seinen Worten lag eine Müdigkeit, fast ein Flehen, über etwas anderes zu sprechen. Ich blickte ihn an. Seine Augen glänzten.

»Ich werde alles Erdenkliche tun, um dich wiederzusehen, Tesfalem. Und jedes Mal wenn du an mich denkst, werde ich bereits an dich gedacht haben ...«, sagte ich eilig, auch wenn ich wusste, dass ich ihm damit wehtat.

Wir standen an einem Gewürzstand, einander gegenüber, wie es einem Mann und einer Frau nach der islamischen Moral, Tradition und Religion in der Öffentlichkeit eigentlich nicht gestattet ist. Tesfalem hatte die Kraft, sich zu fassen, bedeutete mir, einen Schritt zurückzutreten, und wandte sich dann an den Händler, um ein Beutelchen Safran zu erstehen, das wir gar nicht brauchten. Schließlich drehte er sich steif zu mir um und wies mich an, ihm zu folgen. Ich sah sein angespanntes Gesicht, seine verkniffenen Lippen, die sich kaum öffneten, als er mir zuflüsterte: »Wir können hier nicht sprechen, Feven. Ich versichere dir, ich will dasselbe wie du. Wir sprechen darüber, sobald es geht.«

An jenem Abend aßen wir schweigend. Alles, was wir uns zu diesem Thema sagen konnten, hatten wir bereits auf dem Basar gesagt. Das wussten wir beide.

Am darauf folgenden Tag telefonierte ich mit Tesfay. Genau an diesem Morgen hatte er mir das Geld mit Western Union geschickt. Als ich auflegte, wusste ich nicht, ob ich in Freude ausbrechen oder weinen sollte. Ich sagte es Tesfalem, der während der Nacht seine Selbstkontrolle wiedererlangt hatte. Er jubelte und nahm mich ein wenig auf den Arm: »Na toll! Lass mich nur hier allein mit diesen Fanatikern!«

Wir hatten keine Erfahrung darin, ein Flugzeugticket zu kaufen, und zu Beginn war es recht kompliziert. Dann aber war uns jemand behilflich, und schließlich fand ich mich mit dem wertvollen Dokument in der Hand wieder. Am Telefon hatte mir Tesfay geraten, eine eritreische Frau mit Namen Gennet aufzusuchen, sobald ich in Tripolis angekommen war. Sie würde mir weiterhelfen können. Am Tag meiner Abreise stand ich zur selben Uhrzeit auf wie Tesfalem. Wir verabschiedeten uns in aller Eile, bevor er wie jeden Tag auf den Basar ging – bevor einer von uns in Tränen ausbrechen konnte. Als Nächstes hatte ich die komplizierten Formalitäten und die Quälereien der Beamten, für die der Flughafen von Khartoum berühmt war, zu überstehen. Nach stundenlangen Drohungen und Schikanen löste sich schließlich alles auf, und ich konnte das Flugzeug besteigen.

18

In Libyen

Die Erde unter mir war eine ockerfarbene Fläche, an manchen Stellen sehr hell, an anderen wiederum mit dunklen Flecken übersät. Es war die Wüste, die ich zu Fuß hätte durchqueren müssen, hätte Tesfay mir nicht das Geld für den Flug geschickt. Ich betrachtete sie durch das Fenster des Flugzeugs und suchte nach einem Lebenszeichen – doch da war absolut nichts. Ich flog zum ersten Mal. Wie eigenartig die Erde von hier oben aussah! In diesem Augenblick würden bestimmt einige klapprige Lastwagen diese ausgedörrte Ebene unter mir durchqueren, beladen mit bedauernswerten Menschen, die nach Tripolis oder in andere Städte zu gelangen versuchten, um von dort aus den Absprung nach Europa zu wagen. Noch einmal kehrten die Bilder unserer tragischen Reise durch die Wüste in den Sudan in mein Gedächtnis zurück. Isaias … Auch jetzt, während ich hier oben bequem im Flugzeug saß, litten Menschen auf diesem grauenhaften Fußmarsch.

Neben mir sprach mich jemand auf Tigrinya an. »Kommen wir aus demselben Land?« Die Stimme gehörte einem jungen eritreischen Mann, den ich bisher nicht einmal wahrgenommen hatte. Ich musterte ihn. Ja, wir waren Landsmänner, ohne Zweifel. Sein Haar war so kraus wie Gestrüpp, und er trug die vertrauten körperlichen Merkmale der Menschen, die aus der eritreischen Hochebene stammten.

»Ja, ich bin aus Asmara. Und du?«

»Aus Agordat.« Er nannte mir seinen Namen. Er hieß Mansour und war wenige Jahre älter als ich.

»Musst du aus beruflichen Gründen nach Tripolis?«, fragte ich ihn.

»Nein, ich will nach Italien.«

»Ah! Dann sind wir schon zu zweit.«

»Ich habe Frau und zwei Kinder in Agordat, aber sie haben mich einberufen. Mit dem mageren Sold der einfachen Rekruten konnte ich meine Familie nicht mehr durchbringen, und so musste ich fliehen«, erklärte er mir.

»Auch ich bin geflohen. Ich war in der Kaserne in Assab.«

»Ich war an der Front, in Adi Kaieh. 1999 haben sie mich eingezogen und sofort in den Krieg geschickt, mehrere Male direkt an die vorderste Front. Tag für Tag nichts als Leid und Tod …«

Mansour berichtete mir von den Schrecken des Krieges und schaute dabei ins Leere, als liefen die Bilder erneut vor ihm ab. Er erzählte in einem Tonfall, als wolle er sich dafür entschuldigen, dass seine Flucht die einzige Alternative zum Tod gewesen war. Er sprach viel von seiner Familie, von seinen zwei Kindern. In Italien hatte er einen Cousin, der Mechaniker war. Er war entschlossen, hart zu arbeiten, damit seine Frau und die Kinder schon bald nachkommen konnten. Auch ich erzählte ihm meine ganze Geschichte, und während das Flugzeug zur Landung ansetzte, begannen wir, an die unmittelbar vor uns liegende Zukunft zu denken. Was würden wir in Tripolis machen? Was würde die Überfahrt nach Italien kosten? Wo würden wir einen Schlafplatz finden?

Auch Mansour hatte man als Kontaktperson den Namen einer gewissen Gennet genannt, die er als »Madame Gennet«* kannte. Offensichtlich handelte es sich bei ihr um eine zentrale Figur bei der Kontaktaufnahme zu den für die Überfahrt zuständigen Organisationen. Er wusste, dass sie eine junge Frau war und gute Kontakte zu einem libyschen General unterhielt, der möglicherweise den gesamten Menschenhandel steuerte und viel Geld daraus schlug. Doch wie könnten wir sie ausfindig machen? Wie würden sich die libyschen Polizisten gegenüber illegalen Einwanderern verhalten? Mussten wir vor ihnen Angst haben, oder würden sie uns tolerieren? Mansour glaubte, es dürfe keine Probleme geben. In Libyen hätten wir es einfach, denn um die Überfahrt bezahlen zu können, mussten wir arbeiten, und dies war ein guter Grund, uns in Ruhe zu lassen. »Libyen ist auf Grund seiner Erdölvorkommen ein reiches Land, und den Menschen geht es gut. Auf einem riesigen Gebiet leben nur wenige Menschen, und sie brauchen Leute, die bereit sind, die niederen Arbeiten auszuführen. Die Regierung führt nur ab und an Kampagnen gegen illegale Einwanderer durch. Dann aller-

* Madame Gennet, die mit richtigem Namen Ganat Tewelde Barhe heißt, wurde im Februar 2004 in Libyen verhaftet und nach Italien ausgeliefert, nachdem beide Länder seit 2002 andauernde polizeiliche Untersuchungen durchgeführt hatten. Eritreischer Herkunft, damals fünfundzwanzig Jahre alt, galt sie als der Kopf des organisierten Menschenhandels zwischen Libyen und Italien. Während des Verhörs, dem man sie nach ihrem Eintreffen in Italien unterzogen hatte, bewies diese Frau großen Zynismus: Auf das Kentern vieler schwimmender Wracks angesprochen, erwiderte sie, dass alle, die sich auf eine Überfahrt, etwa durch die Straße von Sizilien, einließen, die Möglichkeit mit einplanten, diese nicht lebend zu überstehen.

dings muss man auf der Hut sein, denn die Libyer legen mitunter ein erbarmungsloses rassistisches Verhalten uns Schwarzen gegenüber an den Tag.« Ich wusste von dem Problem, Tesfalem hatte mir davon erzählt.

Bei unserer Ankunft erledigten wir problemlos die Einreiseformalitäten, und schon kurz darauf fanden Mansour und ich uns im Zentrum von Tripolis wieder. Die Stadt wirkte ruhig und still. Und dann war da noch das Meer. Ich hatte es bisher erst ein paar Mal gesehen, früher, zu den verschiedensten Gelegenheiten mit meinen Eltern, wenn diese nach Massaua mussten, und einmal mit Tesfay. Hier war das Meer allerdings ganz anders: Es war das Mittelmeer, das Meer, das ich überqueren musste, um endlich Italien zu erreichen. Wir schlenderten ziellos umher und fanden uns schließlich an der Hafenmole wieder. Tief saugte ich die Meeresbrise, die in der Stadt mit dem heißen Wüstenwind konkurrierte, in meine Lungen ein. Ich dachte daran, dass sich genau mir gegenüber die italienische Küste befand, und ich wünschte mir aus ganzem Herzen, der Moment der Abreise wäre bereits gekommen. Seit ich das erste Mal aus Eritrea geflohen war, waren fast eineinhalb Jahre vergangen. Es war Zeit, dass meine Reise dem Ende zuging und mein Schicksal es mir endlich erlaubte, mich ernsthaft meinem Leben zu widmen. Wie immer wurden meine Träume jedoch von der Realität verdrängt. Wir mussten einen Platz finden, an dem wir die Nacht verbringen konnten. An der Strandpromenade gab es jede Menge kleiner Hotels, die uns geeignet zu sein schienen, zumindest für die erste Nacht. Es war inzwischen später Nachmittag, und wir waren in ein Arbeiterviertel gelangt. Die Straßen füllten sich mit Menschen, die von der Arbeit nach Hause gingen. Die Stadt sprühte vor Lebensfreude, und es schien, als ob die kühlende Brise, die vom Meer herübergetragen wurde, die Menschen aktiv und lebendig machte. Viele junge Leute schlenderten rauchend in kleinen Grüppchen umher, und plötzlich drang durch den Lärm der Gässchen hindurch der Ruf des Muezzins zum Gebet an mein Ohr. Eigenartigerweise hatte ich mich seit dem Moment meiner Ankunft in Tripolis wieder ganz normal verhalten, so wie ich es aus Eritrea gewohnt war, ohne weiter die bedrückenden Verhaltensregeln des sudanesischen Islam zu beachten. Ich hatte nicht einmal darüber nachgedacht, es war ganz spontan passiert. Und dennoch befanden wir uns auch hier in einem muslimischen Land, wenn auch die islamische Religion scheinbar etwas großzügiger gehandhabt wurde. Die Frauen spazierten so gut wie frei herum und hielten sich nur ein klein wenig abseits. Schaute ich mich um, konnte ich viele ohne Schleier entdecken. Mich überkam ein Gefühl der Euphorie. Am Abend fanden wir ein kleines Hotel mit einem Gemeinschaftsschlafsaal, und bevor wir zu Bett gingen, aßen wir die Mahlzeit, die uns im Flugzeug serviert worden war und die wir mitgenommen hatten, um in Tripolis etwas Verpflegungsgeld zu sparen. In einem Geschäft in der Nähe des Hotels kauften wir nur ein wenig arabisches Brot und zwei Fleischröllchen.

»Morgen müssen wir unbedingt versuchen, Madame Gennet ausfindig zu machen«, sagte Mansour, während wir unseren Proviant auf einer breiten Steinstufe an der Seepromenade verzehrten.

»Ich habe viele Afrikaner auf der Straße gesehen. Die könnten wir fragen.«

»Ich denke, dass sie uns auch sagen kann, wohin wir gehen und wo wir die Zeit über hier schlafen können.«

»Bestimmt. Wenn uns beiden ihr Name genannt wurde, muss das heißen, dass sie eine Menge Kontakte hat.«

»Vielleicht verkauft die Organisation auch Essen oder Schlafplätze«, sagte Mansour. »Eine andere Möglichkeit, Geld zu machen.«

Nachdem wir unser bescheidenes Mahl beendet hatten, kehrten wir zu unserem Hotel zurück. Als wir die Straße überquerten, bemerkten wir in einer Seitengasse eine Gruppe schwarzer oder »afrikanischer« junger Männer, die um einen Behälter herum am Boden kauerten und aßen. Wir gingen auf sie zu, und sie schauten uns neugierig, aber auch ein wenig verängstigt an.

Sie hatten keinen Grund, sich vor uns zu fürchten. Wir waren keine Polizisten und hatten genauso wie sie eine schwarze Hautfarbe. Der ängstliche Blick in ihren Augen schien vielmehr natürlich, selbstverständlich zu sein. Ich fragte mich, ob das bei mir ebenso war. Gut möglich. Im Grunde befanden wir uns in einem fremden Land, ohne jegliche Sicherheit oder Bezugspunkt. In einer Notlage konnten wir uns allein auf uns selbst verlassen. Wir waren verletzlich, der Niedertracht eines jeden frei ausgeliefert. Selbst Kinder konnten uns denunzieren, und wurde ein illegaler Einwanderer erst einmal in Haft genommen, waren dem Missbrauch keine Grenzen mehr gesetzt. Leuten wie uns konnten die Polizisten selbst das ganze Geld abnehmen, ohne dass uns jemand verteidigen würde. Wir galten nichts, wir existierten nicht einmal.

Als wir bis auf wenige Schritte herangekommen waren, erhob sich einer der jungen Männer und musterte uns. Ich versuchte, ihn durch meinen Blick und ein Lächeln zu beruhigen. Aus einem spontanen Gefühl heraus sprach ich ihn auf Englisch an, denn womöglich kamen diese Jungen aus einem Land, in dem kein Arabisch gesprochen wurde.

»Wir sind gerade erst in Tripolis angekommen und sind auf der Suche nach Informationen. Wir wissen nicht, wo wir schlafen, wo wir uns niederlassen können, wie wir vorgehen sollen. Ihr seid Afrikaner wie wir, vielleicht könnt ihr uns ja ein paar Adressen nennen ... Wir sind hier nur auf der Durchreise, wir wollen weiter nach Italien.«

»Wir sind auch erst seit einigen Tagen hier«, antwortete der Junge, der aufgestanden war. »Wir schlafen im Freien, auf einer Wiese außerhalb der Stadt, in der Nähe der Autobahnauffahrt nach Misurata. Und was die Überfahrt nach Italien betrifft: Wir haben erfahren, dass sich jeden Morgen die großen Bosse in einem Hafenlokal treffen, um die Überfahrten zu koordinieren. Heute Nacht bleiben wir hier, um morgen früh unter den Ersten zu sein. Mehr kann ich euch nicht sagen. Aber wenn ihr wollt, könnt ihr zum Schlafen auch auf die Wiese kommen. Sie ist groß, es gibt Platz für alle.«

»Kennt ihr eine Frau namens Gennet, Madame Gennet?«, fragte Mansour.

»Genau die soll angeblich morgen zum Hafen kommen.« Der Junge wies auf ihr improvisiertes Mahl. »Wollt ihr mit uns zusammen essen? Es würde uns freuen.«

»Danke«, entgegnete ich, »aber wir haben schon zu

Abend gegessen. Danke auch für die Informationen. Im Freien die Nacht zu verbringen macht mir allerdings Angst. Was passiert, wenn euch Polizisten oder Soldaten überraschen?«

»Das wissen wir nicht. Wir hoffen, dass sie uns nicht erwischen. Diese Nacht sind wir jedenfalls auf der Hut, wir verstecken uns. Die Leute hier schenken uns keine sonderliche Beachtung, aber ab und an hat man das Gefühl, sie wären uns leid. Es ist uns zum Beispiel verboten, uns tagsüber an den zentralen Punkten der Stadt aufzuhalten. Vergesst das nicht. Der Grüne Platz in der Stadtmitte etwa ist für uns tabu. Geht dort niemals hin, weder bei Tag noch bei Nacht.«

Wir unterhielten uns weiter, und Mansour lud sie schließlich ein, mit uns in das Hotel zu kommen. Er erklärte ihnen, dass wir schon für wenig Geld alle zusammen dort übernachten konnten. Zwei der Jungen hatten kein Geld, aber wir brachten sie trotzdem unter, und am darauf folgenden Morgen machten wir uns gemeinsam auf den Weg zum Hafen, um das Lokal ausfindig zu machen, wo die berühmte Madame Gennet auftauchen sollte. Um auf der Straße nicht als Gruppe aufzufallen, trennten wir uns. Während wir die vielen Bars am Hafen einzeln abklapperten, fiel uns eine auf, in der sich vorwiegend afrikanisch wirkende Ausländer zusammendrängten. Mansour trat ein, um sich zu erkundigen, wir anderen warteten auf der gegenüberliegenden Straßenseite. Kurz darauf trat Mansour wieder heraus und rief uns. Drinnen setzten wir uns alle zusammen um einen Tisch.

»Madame Gennet wird erst noch eintreffen«, sagte Mansour. »Hier trifft sie diejenigen, die eine Überfahrt planen, hat mir der Besitzer der Bar erzählt, ohne dass ich ihn überhaupt danach gefragt hätte. Scheinbar wickeln sie diese Geschäfte ganz offen ab.«

»Das ist nicht immer so«, schaltete sich Paul ein, der schon am Abend zuvor am gesprächigsten gewesen war. »Ganz plötzlich und ohne einen bestimmten Grund beschließen sie hier von Zeit zu Zeit, uns loszuwerden, und dann starten sie eine große Säuberungsaktion. In diesem Fall ist es besser zu verschwinden. Man muss ständig auf der Hut sein, denn es kann jederzeit wieder so weit sein.«

Unser Gespräch wurde durch das Erscheinen einer hübschen Frau um die dreißig – eindeutig eritreischer Abstammung – unterbrochen, die die Bar betrat. Fast alle Anwesenden verstummten, und viele begrüßten sie.

»*Salam aleikum,* Madame Gennet«, sagte ein Mann und trat auf sie zu. Das war sie also. Endlich bekam ich sie zu Gesicht, die Frau, die meine Reise nach Italien ermöglichen würde.

Sie erwiderte seinen Gruß und setzte sich anschließend gemeinsam mit dem Mann an einen Tisch, wo sie etwas zu trinken bestellten und zu diskutieren begannen.

Ich beobachtete sie: Sie schien sich wohl zu fühlen unter den Blicken der anderen. Sie trug eine Militärhose und eine dunkelblaue Bluse. Um ihren Kopf hatte sie einen Schleier gewunden, unter dem ein Büschel ihrer krausen Haare hervorschaute und in ihre Stirn fiel. Die Beine übereinander geschlagen, saß sie aufrecht da und hörte nur mit halbem Ohr zu, was ihr Gesprächspartner sagte – ein Mann um die vierzig, eindeutig arabischer

Herkunft, von kleiner Statur und dünn wie ein Streichholz. Schließlich rief jener zwei junge Männer, die in der Nähe der Theke saßen, zu sich an den Tisch. Sie näherten sich ihm und grüßten Madame Gennet mit einer gewissen Befangenheit. Sie stellte ihnen Fragen, auf die sie antworteten, ohne lange zu überlegen. Ich konnte ihre Worte nicht hören, doch durch die Gesten der Frau meinte ich zu verstehen, dass sie von der Überfahrt sprachen. Bevor Madame Gennet die beiden jungen Männer wieder gehen ließ, nannte sie ihnen die Bedingungen und den Preis. Es war nicht schwer zu begreifen, dass fast alle in diesem Raum versammelten Personen nur gekommen waren, um sie zu treffen. Wir müssen jetzt gleich mir ihr sprechen, dachte ich, wir durften diese Gelegenheit nicht verpassen. Während wir noch darüber verhandelten, wer von uns sich vorwagen sollte, erhob sich der dünne Mann und kam auf uns zu. »Wollt ihr auch mit Gennet sprechen?«, fragte er uns. Die Sache war erledigt, wir mussten nur noch abwarten, bis wir drankamen. Doch dazu brauchten wir Geduld, denn vor uns war eine kleine Menschenansammlung. Das Lokal war verqualmt, und ich ging nach draußen, um ein wenig Seeluft einzuatmen. An der Mole lagen Boote und Schiffe jeder Größe vor Anker. Welches davon würde mich nach Italien bringen? Ein großes Handelsschiff oder ein Fischerboot? Und wie lange würde die Überfahrt dauern?

»Wie heißt du?«, fragte mich eine Stimme. Ich drehte mich um. Vor mir stand ein Junge in meinem Alter. Ein Afrikaner.

Überrascht antwortete ich nicht gleich, doch er ließ nicht locker: »Ich bin aus Äthiopien, aus Addis Abeba, und möchte nach Deutschland. Dafür muss ich allerdings zuerst nach Italien. Nach acht Monaten hier hatte ich endlich das nötige Geld für die Überfahrt zusammen, doch dann haben sie mir in Zwara alles geklaut. Ich habe Gennet alles erzählt, und sie hat gesagt, ich soll warten. Vielleicht würde sie eine Lösung finden. Aber vor mir sind unheimlich viele Leute, also warte ich lieber draußen. Wie heißt du?«

»Was kostet die Überfahrt?«

»Tausend Dollar. Um so viel zusammenzubekommen, musste ich zwölf Stunden am Tag für einen syrischen Reeder am Hafen schuften. Ich habe zu Gennet gesagt, dass ich noch mehr arbeiten will; neben der Arbeit hier am Hafen kann ich zusätzlich am Abend noch Teller in einem Lokal abwaschen oder etwas Ähnliches …«

»Tausend Dollar?! So viel … Und Gennet schiebt das alles ein? Dann muss sie ja steinreich sein!«

»O nein, sie behält sich nur einen Teil davon. Der größte Teil geht an den, der das Schiff bereitstellt, und an die, die eine Arbeit für uns finden. Dann wollen auch noch die Leute etwas verdienen, die die Flüchtlinge unterbringen. Außerdem muss man auch noch dafür zahlen, dass die Behörden ein Auge zudrücken. Man erzählt sich, dass viele Offiziere der Armee und der Polizei Schutzgelder in Schwindel erregender Höhe kassieren. Es heißt auch, dass Gennet als Vermittlerin arbeitet, weil auch sie diese Überfahrt machen will. Sie spielt bestimmt eine wichtige Rolle innerhalb der ganzen Organisation und besitzt Kontakte bis in die obersten Ränge. Mit dem ganzen Geld wird sie sich ein feines Leben aufbauen, wenn sie erst einmal in Europa ist …

Sie ist nicht wie wir, die wir allein für die Überfahrt kaum genügend Geld aufbringen. He, du hast mir noch immer nicht gesagt, woher du eigentlich kommst und wie du heißt.«

»Ich heiße Feven und komme aus Eritrea.«

Der Junge blickte mich an. »Da hast du aber Glück. Gennet behandelt ihre Landsmänner besonders umsichtig, und dann bist du auch noch eine Frau.«

Mansour wedelte mir mit ausholenden Gesten zu. Wir waren an der Reihe. Ich betrat erneut das Lokal, und wir setzten uns an den Tisch zu Gennet. Sie empfing uns mit einem breiten Lächeln. Ich wunderte mich zunächst, wie freundlich sie noch immer war, nachdem sie zwei Stunden lang nichts anderes getan hatte, als mit illegalen Einwanderern zu sprechen, doch dann sagte ich mir, dass ich für tausend Dollar pro Person selbst nach zwei Tagen noch gelächelt hätte.

Nachdem sie uns angeschaut hatte, erkannte sie sofort, dass Mansour und ich aus Eritrea stammten. »Ich habe den Eindruck, ich kenne euch. Woher kommt ihr?«, fragte sie uns. Dann bemerkte sie: »Es scheint, als liefe es ziemlich schlecht da unten – zur Zeit fliehen viele Eritreer. Mindestens ein Drittel der Flüchtlinge kommt von dort. Und ihr, warum seid ihr fortgegangen?«

Sie hörte sich unsere Geschichten an und wandte sich dann den vier Jungen zu, denen sie in etwa die gleichen Fragen stellte.

Die Arbeit, die Gennet tat, gefiel mir nicht, und ich hätte sie auch niemals ausführen können oder wollen. Und doch gab mir diese Frau Vertrauen. Sie sprach respektvoll und aufmerksam mit uns und vergaß nichts, nicht einmal die kleinsten Details, die man ihr erzählte.

Ich weiß nicht, warum, aber ich versuchte, ihr Tun zu rechtfertigen. Wer weiß, vielleicht war auch sie wie ich nach Libyen gekommen, indem sie halb Afrika durchquert und der Wüste sowie dem islamischen Integralismus im Sudan getrotzt hatte … Aus der Nähe betrachtet, war sie sogar noch hübscher als auf den ersten Blick, und sie besaß eine freundliche Art, die einen in den Bann schlug. Irgendein hohes Tier der Schlepperbande musste ihrer Ausstrahlung erlegen sein. Vielleicht sogar irgendein korrupter General, der ihr diese Arbeit angeboten und damit eine schwache Seite von ihr ausgenutzt hatte. Sie hatte eingewilligt, und jetzt, da sie einmal drin war, versuchte sie, aus dieser Erfahrung Kapital zu schlagen …

Gennet hatte unseren Gefährten zugehört und bat uns nun, genau aufzupassen.

»Also, die Überfahrt kostet tausend Dollar. Allerdings müsst ihr warten, bis ihr an der Reihe seid. Es sind noch viele vor euch, und die Schiffe stehen nicht immer zur Verfügung. Sie werden je nach Nachfrage aufgetrieben. Ist eine Gruppe bereit, kümmert sich jemand darum, ein passendes Schiff zu finden, das alle transportieren kann. Könnt ihr in bar zahlen, setze ich euch gleich auf die Warteliste. Müsst ihr dagegen das nötige Geld erst auftreiben und sucht eine Arbeit, kümmere ich mich darum. Das müsst ihr selbst entscheiden …«

Tausend Dollar. Von dem Geld, das Tesfay mir geschickt hatte, waren mir nur noch knapp zweihundert Dollar geblieben. Die Vorstellung, viele Monate in Tripolis zu verbringen, behagte mir jedoch wenig. Ich war müde, niedergeschlagen, noch immer traurig über den

Abschied von Tesfalem, von dem ich seitdem nichts mehr gehört hatte. Ich fragte Gennet, ob es möglich war, sich Geld schicken zu lassen.

»Natürlich. Das ist der sicherste Weg.«

»Wo kann ich telefonieren?«

»Du kannst ruhig mein Handy benutzen, hier, bitte.«

Als Tesfay meine Stimme erkannte, schrie er fast ins Telefon: »Feven, sag mir, dass du in Tripolis bist!«

»Ja, aber es gibt ein Problem.« Ich versuchte, ihm die Lage zu erklären. Ich wusste, dass ich ihm ein enormes Opfer abverlangte, aber mein Lieblingsbruder war immer gut für eine Überraschung. Er sagte mir, er habe Arbeit gefunden, eine gute Anstellung. Er würde für einen italienischen Händler als Verkäufer auf einem Markt arbeiten. Er hätte bereits vor ein paar Tagen dort angefangen und fühle sich wohl. Er versprach mir, den ganzen ersten Monatslohn zu schicken, plus das Geld, das er am Abend dazuverdiente, indem er Büros putzte. »Mein Schwesterchen, du wirst hart arbeiten müssen, um mir das viele Geld wieder zurückgeben zu können!«, scherzte er.

Ich reichte Gennet das Handy. »Danke. Kannst du mich auf die Warteliste setzen, auch wenn ich dir das Geld nicht gleich geben kann? Mein Bruder schickt es mir innerhalb eines Monats.«

Gennet lächelte. »Normalerweise geht das nicht, Feven, aber du bist aus Eritrea wie ich, daher mache ich eine Ausnahme. Wenn dein Bruder dir versprochen haben soll, das Geld innerhalb eines Monats zu schicken, dann glaube ich dir das auch. Meine Vorgesetzten wollen das Geld zwar sofort haben, aber ich werde das schon irgendwie regeln. Enttäusch mich also nicht.«

Ich bedankte mich bei ihr und fühlte mich erleichtert. Auch Mansour meinte, er könne sofort bezahlen, auch wenn sein Geld knapp bemessen war und er es sich nicht leisten konnte, lange Zeit in Tripolis zu warten. Von unseren Gefährten hatte niemand genügend Geld, und Gennet führte das Gespräch mit ihnen weiter, um herauszubekommen, welche Arbeit sie für sie finden konnte. Ich schämte mich fast, ihnen in die Augen sehen zu müssen: Sie würden Monate harter Arbeit in Tripolis verbringen müssen, um sich die Überfahrt leisten zu können, während ich fast sofort abreiste. Dennoch schienen sie nicht neidisch auf mich oder Mansour zu sein. Das war ungeschriebenes Gesetz unter den illegalen Einwanderern: Jeder musste zuerst an sich selbst denken. Meine Gedanken schweiften erneut zu Tesfalem. Wie hätte er sich in einer ähnlichen Situation verhalten?

19

Illusionen

Gennet schickte mich nach Zwara, ein Küstenstädtchen in der Nähe von Tripolis, wo illegale Einwanderer verschiedenster Herkunft, die ihre Überfahrt bereits bezahlt hatten, auf ihre Abfahrt warteten. Von hier aus stachen die Kähne bei Nacht in See. Wir mussten jederzeit bereit sein, denn es gab keine genauen Termine, wann ein Schiff verfügbar war. Weil wir nicht gesehen werden durften, schliefen wir alle zusammen in einem umzäunten Lager außerhalb der Stadt, einer Art Bauernhof, auf dem wir uns tagsüber so wenig als möglich zeigen durften, und wenn, dann nur als Landarbeiter verkleidet.

Im Lager waren dreihundert Menschen aus fast allen Ländern Afrikas. Wir schliefen auf dem Boden, und die Toiletten befanden sich in einem kleinen gemauerten Gebäude, offensichtlich ein Abstellraum für Werkzeuge. Auf Grund des Drecks und des üblen Geruchs war es fast unmöglich, dort hineinzugehen. Fast alle zogen es vor, die Nacht abzuwarten, um ihre Notdurft an einer abgelegenen Stelle im Freien zu erledigen, selbst gegen den Willen der Aufseher, ein paar rüde, arrogante Libyer, die mehrere Male am Tag ihre Runden drehten. Alle hofften, möglichst schnell von hier fort zu können, doch jemand erzählte mir, er sei bereits seit drei Monaten hier. Es herrschte eine äußerst angespannte Stimmung, und oft brachen Schlägereien aus, welche die Aufseher zu unterdrücken versuchten. Gennet hatte mich vor dem grauenhaften Leben im Lager gewarnt, und als ich ihr das Geld übergab, hatte sie mir versprochen, sich dafür einzusetzen, dass ich mit dem ersten verfügbaren Schiff reisen konnte.

Jeden Tag gingen im Lager die verschiedensten Gerüchte herum: Einmal hieß es, in der folgenden Nacht würde ein Schiff auslaufen, dann wieder, Militärs kontrollierten die Küste, daher könne man für mehrere Monate nicht mehr in See stechen. Eine tägliche Qual, die uns ständig zwischen Euphorie und Wut, zwischen Optimismus und Niedergeschlagenheit hin und her schwanken ließ.

Für alle war es schwer, in erster Linie jedoch für die Frauen. Im Lager gab es auch Kinder, einige von ihnen noch im Säuglingsalter. Krank werden durfte niemand. Ohne Medikamente oder Ärzte konnte selbst das banalste Leiden zu einem Drama werden. Wurde man krank, musste man unbedingt versuchen, es vor den Aufsehern zu verbergen, um zu vermeiden, bei der Abfahrt womöglich ausgesondert zu werden. Mansour und ich versuchten, möglichst beieinander zu bleiben. Wir trafen auf viele andere Jugendliche aus Eritrea und freundeten uns mit ihnen an. Ich lernte Alganesh kennen, ein eritreisches Mädchen mit einem einjährigen Sohn namens Peter.

Alganesh war eine sanftmütige Frau und hieß nicht nur wie meine Mutter, sondern hatte auch ähnlich dichtes, schwarz gekräuseltes Haar und große gutmütige Augen. Sie passte sich den Entbehrungen des Lagers mit einer beneidenswert positiven Einstellung an, ohne jemals ihr verständnisvolles Lächeln zu verlieren, das mich so sehr an meine Mutter erinnerte. Bei meiner Ankunft war sie bereits seit einem Monat im Lager, musste also zu jenen gehören, die mit dem ersten abfahrbereiten Schiff aufbrechen durften. Ihre tägliche Sorge bestand darin, für Peter Essen und Milch aufzutreiben, was nicht immer einfach war. Natürlich mussten wir auch im Lager unsere Mahlzeiten bezahlen, und Alganesh hatte ihre Geldreserven schon fast aufgebraucht. Bereits vor Tagen hatte sie damit angefangen, sich das Essen vom Mund abzusparen, um den Hunger ihres Kindes stillen zu können.

»Alganesh, du musst etwas essen«, sagte ich eines Tages zu ihr. »Du musst bei Kräften bleiben, damit du für Peter sorgen kannst. Wenn du etwas brauchst, können Mansour oder ich dir das nötige Geld leihen. Es sind keine riesigen Summen, und du kannst uns das Geld später wieder zurückgeben. Wir gehen sowieso alle nach Italien.«

»Feven, es geht nicht um ein bisschen Geld. Schau, du, Mansour und ich, wir Erwachsenen, wir brauchen nicht viel, um uns zu ernähren. Uns genügen ein wenig Reis, Erbsen, Bohnen, Brot. Alles Lebensmittel, die wenig kosten. Peter dagegen braucht Milch, Gemüsegläschen, manchmal etwas Fleisch. Ich gebe viel für ihn aus, denn ich will nicht, dass sein Vater ihn in Italien unterernährt wiedersieht. Er hat mir alles Geld geschickt, was er hat, und das muss uns genügen.«

Während sie sprach, runzelte sie besorgt die Stirn, dann begann sie wieder ruhig zu lächeln und mit ihrem Kind zu sprechen, das auf einer Matte spielte.

Eines Tages brachte Mansour zu unserem gemeinsamen Essen einen jungen Mann mit, der Fieber hatte, das wahrscheinlich auf eine Infektion einer Fußwunde zurückzuführen war. Er hieß Michael, war etwa in meinem Alter, kam aus Keren und war bereits seit einem Monat in Zwara. Er stammte aus einer wohlhabenden Familie, und als er begriffen hatte, dass er uns trauen konnte, erzählte er uns, dass er zwar genügend Geld bei sich hätte, aber keine Medikamente, um seine Infektion zu behandeln. Alganesh, die eine Zeit lang im städtischen Krankenhaus gearbeitet hatte, sah sich die Wunde an: Sie war nur klein, hatte sich aber auf Grund des Drecks und der mangelnden hygienischen Zustände im Lager entzündet. Alganesh umwickelte sie mit einer Mullbinde und verkündete, dass er Medikamente benötige, eine antibiotische Salbe oder ein Mittel zum Einnehmen.

»Wir könnten einen der Aufseher fragen, ob sie uns etwas besorgen«, schlug sie vor.

»Nein, das will ich nicht«, antwortete Michael. »Es heißt, dass in einer der folgenden Nächte ein Schiff ausläuft. An dem Gerücht scheint etwas dran zu sein, und ich will unbedingt auf dieses Boot.«

Mansour holte daraufhin eine Schachtel Aspirin aus seiner Tasche. »Alganesh, könnten die etwas bewirken?«

»Ja, ein wenig dürften sie helfen.«

Michael nahm die Tabletten, aber ohne großen Erfolg. Die Wunde wurde immer röter und schmerzte zunehmend. Ich war berührt von Alganeshs Geste, ihm die Mullbinde zu geben, und von Mansours Großzügigkeit, ihm seine Aspirin zu überlassen. Auch Michael war von alldem berührt und bot uns an, mit Geld auszuhelfen, wann immer wir etwas benötigten.

Eines Tages, als die Aufseher nicht zugegen waren, entstand aus irgendeinem nichtigen Grund eine Schlägerei, an deren Ende drei Somalis, ein Ghanaer und zwei Nigerianer übel zugerichtet am Boden liegen blieben. Es hatte nur wenig gefehlt, und sie hätten ihre Überfahrt verspielt.

Weitere Tage vergingen, und jedes Gerücht über eine baldige Abfahrt wurde bestätigt und gleich darauf erneut widerlegt. Inzwischen waren seit meiner Ankunft eineinhalb Monate vergangen, als sich eines Morgens in unserem Grüppchen ein kleines Drama ereignete. Alganesh nahm mich zur Seite. Ihre Augen lagen in tiefen Höhlen, und ihr Gesicht wirkte abgespannt.

»Feven, mir geht's nicht gut. Diese Nacht habe ich kein Auge zugemacht. Ich hatte mehrere Anfälle von Durchfall. Vielleicht habe ich mir irgendwo einen Mageninfekt geholt. Wenn sich mein Zustand nicht bessert, dann kümmere du dich bitte um Peter und finde einen Weg, damit ich auf das nächste Schiff komme.«

»Es geht dir bestimmt bald besser«, tröstete ich sie, doch als ich sie genauer ansah, bemerkte ich ihre trockenen Lippen und die gespannte Haut auf ihrem Gesicht. »Du musst etwas trinken, Alganesh, der Durchfall hat dir das ganze Wasser entzogen. Aber das geht vorbei, heute Abend fühlst du dich schon wieder besser.«

»Nein, Feven, das spüre ich. Versprich mir, dass du dich um Peter kümmerst.«

»Natürlich, mach dir keine Sorgen. Er ist in den besten Händen. Jetzt denk nur an dich. Heute Abend bitten wir die Aufseher, uns drei Flaschen Mineralwasser zu bringen. Du musst unbedingt sauberes Wasser trinken.«

Am Abend bekam sie jedoch Fieber, und zu allem Unglück sollte auch noch ausgerechnet in jener Nacht ein Schiff auslaufen. Die Aufseher tauchten völlig überraschend auf und bildeten eine Gruppe von Passagieren. Alganesh konnte sich nicht auf ihren Beinen halten und verpasste so diese Gelegenheit. Mit der wenigen ihr verbliebenen Energie weinte sie voller Verzweiflung. Auch mich, Mansour und Michael hatten die Aufseher für dieses Schiff nicht vorgesehen. Dagegen kamen viele Jugendliche aus den Maghreb-Staaten mit, einige Somalis und Nigerianer sowie die ganze Gruppe aus Mauretanien. Zwei Tage später ging es Alganesh wieder besser, auch Michaels Wunde war in den darauf folgenden Tagen weniger gerötet.

Nur wenig später wurden die abgereisten Personen durch rund vierzig neue ersetzt, die die Aufseher mit der gewöhnlichen Arroganz ins Lager brachten. Fast alle stammten aus Nigeria oder Somalia. Etwa zehn Tage nach ihrer Ankunft stach ein weiteres Schiff in See. Endlich kamen wir an die Reihe – alle vier wurden wir ausgewählt. Alganesh ging es inzwischen wieder gut, und mit ihrem gewohnt ruhigen Lächeln kümmerte sie sich um Peter. Michael dagegen klagte weiterhin über Schmerzen in seinem Fuß und hatte von Zeit zu Zeit abends etwas Fieber. Es gelang ihm aber dennoch, sich seine Schuhe überzustreifen, sodass die Aufseher nichts davon bemerkten. Das Laufen tat ihm weh, aber er zwang sich, nicht zu auffällig zu hinken.

Auf dem Weg zum Hafen hatte ich Herzklopfen. Nun war der Moment gekommen, jetzt begann die letzte Etappe meines Abenteuers. Was tat Tesfay wohl in diesem Moment? Welche Bedeutung hatte das schon – in vierundzwanzig Stunden, der vorgesehenen Zeit für die Überfahrt, würde ich selbst in Italien sein. Bei ihm.

Zwara war ein kleiner, unbedeutender Hafen. Wir erreichten ihn inmitten der Nacht, zu Fuß. Völlig verlassen lag er da, keine einzige Menschenseele war zu sehen, und man hatte den Eindruck, als würde sich dies auch bei Tageslicht nicht großartig ändern. An den beiden Molen lagen nur Fischerboote vor Anker, die sich im Mondschein leicht hin und her wiegten. Wir waren über hundert, vielleicht hundertfünfzig Personen. Nachdem uns die Aufseher befohlen hatten, ihnen zu folgen, hatte sich das Lager halb geleert. Das Schiff, mit dem wir die Überfahrt antreten würden, musste also entsprechend groß sein, und ich versuchte, es zwischen den an der Mole vertäuten auszumachen, aber alle erschienen mir zu klein, ja fast winzig, um eine so große Zahl an Flüchtlingen aufnehmen zu können. Ich schaute um mich: Wir waren eine schweigende Menge, Gespenster in der Nacht, angsterfüllt und abwesend, jeder in seine eigenen Gedanken versunken. Ich war noch nie auf einem Schiff gewesen, und das Meer, diese unendliche Weite aus Wasser, hatte mich seit jeher fasziniert. Es jedoch vom Festland, von einer sicheren Position aus zu betrachten war eine Sache, ihm als illegaler Einwanderer bei Nacht zu trotzen, eine andere. Ich versuchte, mich auf einem dieser Boote, die ich vor mir auf offener See erblickte, vorzustellen, dort hinten, in der Nähe des Horizonts, wo der Mond das Meer mit einem silbernen Schein erhellte. Wir wären ein Strohhalm, umgeben von einer riesigen Wassermasse, den Naturelementen völlig ausgeliefert. Im Fernsehen hatte ich Filme gesehen, die auf offenem Meer spielten, Abenteuer, Schiffbruch … Nun tauchten diese Bilder auf bedrohliche Weise erneut vor meinem inneren Auge auf, auch wenn die dunkle Weite vor mir ruhig, ja fast einladend dalag. Vielleicht würde das Meer erst hinter dem Horizont bewegt und gefährlich werden.

Ich tröstete mich mit dem Gedanken, dass sie uns sicherlich nicht auf See schicken würden, wenn wirklich Gefahr bestünde, und dass diese erschöpften, von den langen Wochen im Lager gezeichneten Gestalten einer solchen Gefahr gewiss nicht so ruhig und ergeben entgegentreten würden.

Die Aufseher führten uns an einen der beiden Landungsstege, an dem an beiden Seiten Fischerboote verschiedener Größe befestigt waren. Fast am Ende des Steges, vor einem Schiff mittleren Ausmaßes, das nie und nimmer Platz für uns alle bieten würde, ließ man uns anhalten. Und doch war dies unser Schiff, denn an der Reling erschienen zwei Schatten, die sich um eine offene Stelle herum zu schaffen machten und eine metallene Rampe hinabließen. Die Ersten der Gruppe begannen, auf das Schiff zu steigen, und an Land brach ein heftiges Gerangel aus. Mit Mühe gelang es den Aufsehern, die Situation im Griff zu behalten. Ich verstand den Grund für diesen Aufruhr nicht wirklich. War es möglich, dass die Letzten leer ausgingen und wieder ins Lager gebracht würden? Unsicher krallte ich mich an Alganeshs Weste fest, die, Peter im Arm, neben mir stand. Dann suchte ich Blickkontakt zu Mansour und Michael, die hinter mir Seite an Seite standen und ihren Platz mit den Ellenbogen verteidigten, um nicht zurückgedrängt zu werden. Schließlich waren wir an der

Reihe. Auf der Rampe spürte ich zum ersten Mal das Meer, dieses langsame, kraftvolle Wiegen, welches das unangenehme Gefühl verursacht, den Boden unter den Füßen zu verlieren.

Erst als ich an Bord war, verstand ich, warum auf dem Landungssteg Streit ausgebrochen war: Auf dem Schiff versuchte jeder, den besten Platz zu ergattern, um die Überfahrt so angenehm wie möglich zu überstehen. Bei unserer Ankunft war das Schiffsheck bereits überfüllt. Die einzigen freien Plätze befanden sich an den Breitseiten, während der Bug fast leer war. Dort kauerte nur eine Gruppe von Somalis, die sich genau auf dem äußersten Punkt des Schiffes niedergelassen hatten, im Schutz der Reling, die an dieser Stelle ganz aus Metall und etwas erhöht war. Wir richteten uns gegenüber ein, an jener Breitseite, von der wir eingestiegen waren. Alganesh und ich setzten uns auf den Boden, ließen etwas Platz zwischen uns für Peter, der durch das Hin- und Herwackeln des Schiffes ängstlich zu weinen begonnen hatte. Ich versuchte, ihn zu beruhigen, während Alganesh ihm mit Decken ein Lager zurechtmachte, so weich und geschützt wie möglich, um ihn zum Einschlafen zu bringen. Auch Mansour und Michael gelang es, sich ein Stück an der Reling zu sichern, an die sie sich anlehnen konnten. Sie befanden sich neben mir und Alganesh. Mansour schwitzte und war völlig außer Atem, Michaels Wunde schmerzte.

Wie durch ein Wunder hatten wir alle auf dem Fischerboot Platz gefunden, und das Schiff war nun zum Bersten voll. Die Brücke war überfüllt von sitzenden Menschen, und um von einer Seite zur anderen zu gelangen, musste man zwischen Beinen, Beuteln und dem verschiedensten Plunder Zickzack laufen. Doch das war alles nicht so schlimm, dachte ich; wenn nichts Unvorhergesehenes dazwischenkam, müssten wir an Bord nur eine Nacht und einen Tag verbringen und würden morgen Abend bereits die italienische Küste erblicken. Was mir allerdings Sorgen bereitete, war die Frage, ob sich das überfüllte Fischerboot überhaupt auf dem Wasser halten konnte. Würden so viele Menschen bei starkem Seegang nicht die Manöver behindern? Das Fischerboot hatte weitere Plätze unter Deck, aber die Treppen hinunter waren abgesperrt und wurden von den Aufsehern, die noch immer an Bord waren, bewacht. Ich sah, wie sie lebhaft mit einem Nigerianer diskutierten, der unser Kapitän zu sein schien. Er war aus dem Steuerhaus gekommen, das sich nicht weit entfernt von der Stelle befand, an der wir Platz gefunden hatten. Ich verstand nicht, was sie sagten, aber es schien, als machten die Aufseher dem Mann Vorwürfe, der offensichtlich betrunken war. Genau in diesem Moment trug ein Mitglied der Besatzung einen Kasten Bier in das Steuerhaus, der ohne Zweifel vom Kapitän angefordert worden war. Die Aufseher fluchten, und der Kapitän schickte sie zum Teufel. Schließlich verließen sie das Schiff und lösten vom Land aus die Leinen. Aus dem Bauch des Fischerbootes hörte man den dumpfen Laut des anspringenden Motors, und das Schiff begann zu vibrieren. Kurz darauf bewegte es sich mit einem leichten Schlingern rückwärts, zog eine Art Halbkreis im Hafenwasser und richtete schließlich den Bug auf das offene Meer. Das Brummen des Motors steigerte sich zu anhaltendem Lärm. In wenigen Minuten verschwand die Küste aus unserem Blick. Ich atmete erleichtert auf. Die lang ersehnte Überfahrt hatte begonnen, und mich überkam eine Art Euphorie, die von dem frischen, an mir zerrenden Wind noch gesteigert wurde. Ich fühlte mich frei. Als ich mich umblickte, stellte ich fest, dass auch die anderen Passagiere entspannter wirkten, viele lachten, andere scherzten mit ihren Nachbarn. Im Lager hatte ich sie nie so gesehen. Einige erhoben sich, um sich über die Reling zu beugen, andere, um einen Kameraden aufzusuchen, der weiter weg einen Platz gefunden hatte. In diesem Durcheinander sah ich ein Mädchen auf uns zukommen. Den Rock mit einer Hand zusammengerafft, in der anderen einen großen Beutel, stieg sie über Beine und Körper anderer Passagiere. Ich fragte mich, warum sie sich so unpraktisch angezogen hatte, anstatt bequeme Hosen zu tragen. Als sie so weit herangekommen war, dass wir ihre Stimme hören konnten, fragte uns das Mädchen, ob wir aus Eritrea seien.

»Ja«, antwortete Alganesh.

»Ich auch. Kann ich bei euch bleiben? Wo sich hier doch alle nach Nationalitäten aufteilen. Vorhin habe ich euch reden gehört und an der Sprache erkannt.«

»Sicher, komm«, lächelte Alganesh, die Peter auf ihrem Arm trug. »Es wird ein wenig eng werden, aber wir werden doch eine Landsmännin nicht alleine reisen lassen. Ich heiße Alganesh.«

Auch ich reichte ihr die Hand. »Ich heiße Feven und komme aus Asmara.«

Das Mädchen schien erfreut zu sein. »Ich komme auch aus Asmara, ich heiße Eden.«

Auch die anderen stellten sich vor, und Eden setzte sich neben Alganesh. Während wir uns unterhielten, begann sie, mit Peter zu spielen, und fragte Alganesh nach seinem Namen. Dann erzählte sie, dass sie ebenfalls ein Kind erwarte. Sie wollte es Johannes nennen oder – wenn es ein Mädchen würde – Maria. Schwanger. Daher trug sie diesen unbequemen langen, weiten Rock. Insgeheim nahm ich mir vor, eine Person niemals auf den ersten Blick zu beurteilen.

»Du bist wirklich mutig, in deinem Zustand eine solche Reise anzutreten«, sagte ich zu ihr.

»Sagen wir mal so: Ich hatte keine andere Wahl. Mein Mann ist Beamter im Wirtschaftsministerium, und vor drei Monaten wurde er von der Regierung zusammen mit einer Delegation nach Tripolis geschickt. Wir hatten uns darauf geeinigt, dass er nicht mehr zurückkehren sollte. Er wollte in Tripolis auf mich warten, von wo aus wir gemeinsam zunächst Italien ansteuern wollten, da dort Cousins von uns leben. Dann wollten wir weitersehen. Er ist abgereist, ohne zu wissen, dass ich ein Kind erwarte, und um ihn nicht zu beunruhigen, habe ich es ihm nicht gesagt. Als ich entdeckte, dass ich schwanger bin, habe ich erfahren, dass ich als Frau eines Staatsbeamten von der Regierung die Ausreiseerlaubnis erhalte, um meinem Mann nachzufolgen. Was sollte ich nur tun? Ich habe die letzten Ersparnisse zusammengekratzt, um mir ein Flugticket zu kaufen. Meinem Mann habe ich nur gesagt, ich würde die Gelegenheit nutzen, ihm nachzureisen. Meine Schwangerschaft habe ich nicht erwähnt. Er allerdings wollte, dass ich in Eritrea bleibe, denn in der Zwischenzeit war es ihm dank der Tatsache, dass er zu einer Regierungsdelegation gehörte, gelungen, von Gennet unter der Hand einen Platz auf einem Schiff zu ergattern, ohne zuvor das Lager von

Zwara zu passieren. Eine einzigartige Gelegenheit, doch so wäre ich in Tripolis auf mich allein gestellt. Ich habe jedoch alles riskiert und trotzdem das Flugzeug genommen. Sicher, ich habe viel Geld ausgegeben, aber dafür konnte ich die Schwierigkeiten einer Flucht von Asmara bis Tripolis und all die damit verbundenen Risiken umgehen. Abgesehen davon, dass selbst eine illegale Flucht mich einiges gekostet hätte. Kurz und gut, ich bin in Tripolis angekommen, und bisher ist alles gut gegangen. Als ich mich Gennet vorgestellt habe, hat sie sich an meinen Mann erinnert und mir geholfen. Sie hat mich bei Freunden in der Stadt untergebracht. Im Lager von Zwara war ich nur zwei Tage, und dann stand schon das Schiff bereit. Deswegen haben wir uns nicht früher kennen gelernt.«

Schweigend lauschten wir Edens Geschichte, umgeben vom Brummen des Motors und dem Platschen des Wassers, das an die Seiten des fast taghell erleuchteten Schiffes schlug. Ihre Stimme schien aus weiter Ferne zu mir herüberzuklingen. Wie viele Geschichten von Leiden und Opfern dieses Schiff wohl enthielt?

Unter den Passagieren war die Euphorie der Müdigkeit gewichen. Viele hatten sich ausgestreckt, um zu schlafen, die anderen unterhielten sich halblaut mit ihrem Nachbarn oder starrten still auf das Meer oder ins Leere. Die erwartungsvolle Aufregung, die uns bei der Abfahrt des Bootes gepackt hatte, war verflogen.

Auch ich fühlte mich erschöpft. Ich streckte meine Beine aus, soweit dies an einem solch engen Ort überhaupt möglich war, und stopfte mir als Kissen meine

Reisetasche unter den Kopf. Bevor ich einschlief, dachte ich daran, dass wir bereits die Hälfte der Strecke hinter uns hätten, wenn ich von den ersten Sonnenstrahlen erwachte. Auch wenn es mir irreal vorkam: Es trennten mich nur noch wenige Stunden von Italien und Tesfay.

20

Auf offenem Meer

Lautes Geschrei aus der Ferne, das Echo einer lautstarken Auseinandersetzung. Träumte ich? Nein. Ich öffnete die Augen. Auf dem Bug beugten sich Passagiere schreiend und jeder in seiner eigenen Sprache fluchend über die Reling. Eine Gruppe Nigerianer stand vor dem Steuerhaus und brüllte auf den Kapitän ein, der an der Schwelle seiner Kabine stand, jederzeit bereit, sich im Inneren zu verschanzen, sobald die Situation eskalieren sollte. Ich konnte erkennen, dass er schwankte. Er musste noch betrunkener als am Vorabend sein, als die Aufseher ihn wegen des Kastens Bier, den er sich hatte bringen lassen, angeschrien hatten.

Von unserer kleinen Gruppe lag nur noch Michael, der offenbar eingeschlafen war, auf dem Boden. Alganesh kümmerte sich um Peter; Eden war aufgestanden, auch sie hatte sich an die Reling gelehnt und versuchte herauszufinden, was los war. Mansour hingegen war vorne am Bug zwischen den Menschen, die dem Kapitän Beschimpfungen an den Kopf schleuderten. Verdutzt stellte ich mich neben Eden an die Reling.

»Es gibt Probleme, Feven«, verkündete sie bestürzt. »Wir haben den ganzen Treibstoff verloren. Wie sollen wir jetzt nur bis zur italienischen Küste gelangen? Man sagt, der Kapitän hätte den Tank nicht fest genug verschlossen. Siehst du?« Sie wies auf eine lange Ölspur, die auf der Wasseroberfläche schwamm. »Da geht unser Treibstoff dahin. Es ist natürlich noch etwas im Tank, aber niemand weiß, wie man den Rest retten kann. Nicht einmal dieser Versager von Kapitän!«

»Wo sind wir jetzt? Eigentlich müssten wir doch inzwischen auf halber Strecke sein.«

»Ich weiß es nicht, keine Ahnung. Auf jeden Fall mitten auf offener See und weit, weit weg von irgendeinem Festland.«

Mansour war unterdessen zurückgekehrt und schilderte uns die Situation. Wie unschwer zu übersehen, war er besorgt, sprach in aufgeregtem Tonfall, einer Mischung zwischen Wut und Angst. Während der Nacht – niemand wusste genau, wann – hatte der Tank begonnen, Treibstoff zu verlieren. Der Kapitän bestand darauf, dass er selbst gesehen und überprüft hatte, wie vollgetankt und der äußere Tankdeckel verschlossen worden war. Ihm zufolge musste der Treibstoffverlust also auf ein Leck zurückzuführen sein, von dem niemand etwas wusste. Angesichts seines alkoholisierten Zustands fiel es jedoch schwer, ihm Glauben zu schenken. Hinzu kam, dass man keine Entscheidung darüber treffen konnte, welcher Kurs einzuschlagen war, da man nicht genau wusste, wie viel Benzin noch übrig war.

»Der Kapitän geht zusammen mit zwei Nigerianern unter Deck, wo sich der Motor und vielleicht auch der Tank befinden, um die Lage zu sichten, dann wird vielleicht eine Entscheidung getroffen.«

Auf dem Schiff herrschte nun Stille. Was würden wir tun, auf offener See, ohne Motor und ohne festen Kurs?

Der Kapitän und die beiden Nigerianer hoben die Planken, die den Zugang unter Deck verschlossen hielten, und stiegen hinunter. Uns blieb nichts anderes übrig, als zu warten.

Bei Tageslicht offenbarte das Schiff das ganze Ausmaß seines verheerenden Zustands: Sämtliche Metallteile waren verrostet, manche Stellen sogar bereits völlig zerfressen. Die Holzplanken der Brücke, auf denen wir geschlafen hatten, waren so abgeschabt, dass sie fast völlig glatt waren, und mit allen möglichen Flüssigkeiten vollgesaugt, angefangen mit dem brackigen Meerwasser. Mitunter traten die Köpfe von Nägeln hervor. Das Steuerhaus, einst weiß lackiert, wies seitlich ein klaffendes Loch auf, als wäre das Blech von einem spitzen Rammsporn getroffen worden. Das zerquetschte Metall war nach innen gebogen und rundherum von Rost zerfressen. Das hölzerne Steuerrad im Inneren hatte einige Griffe verloren. Ich fragte mich, ob dieses Wrack wirklich in der Lage war, uns an die europäische Küste zu bringen. Wenn alles in einem solchen Zustand war, wie würden dann erst die Bordinstrumente aussehen? Gab es überhaupt einen Kompass? Und wenn ja, funktionierte er? Konnten wir auf ein Funkgerät zurückgreifen, um notfalls Hilfe zu rufen? Besorgt richtete ich meine Fragen an Mansour.

»Die Überfahrt an sich ist keine große Sache«, erklärte er mir. »Selbst eine Nussschale könnte das schaffen, wenn alles gut geht. Das Problem ist nur, dass oft nicht alles glatt läuft, und dann beginnen die Schwierigkeiten. Und genau das passiert uns jetzt. Tatsache ist, dass jene, die an den Überfahrten verdienen, genau wissen, dass das Schiff nicht mehr zu gebrauchen ist, wenn es auf der anderen Seite angekommen ist: Ist die Reise gut verlaufen, beschlagnahmt es die Hafenpolizei des Ziellandes, ist die Reise schiefgegangen, ist es zusammen mit seiner menschlichen Ladung gesunken. In jedem Fall dient das Schiff nur für eine einzige Überfahrt. Zu diesem Zweck verwerten sie ehemalige Fischerboote, regelrechte Wracks, und schicken sie auf ihre letzte Reise. Auf diesem Weg sparen sie sich sogar die Kosten der Verschrottung. Schau dich doch um: Wir sind etwa hundertvierzig, hundertfünfzig Menschen in dieser Badewanne. Jeder von uns hat tausend Dollar gezahlt. Überschlag das mal – was glaubst du, was dieser Schrotthaufen kostet? Das ist ihre einzige Ausgabe. Für den ganzen Rest haben sie uns ordentlich draufzahlen lassen, sogar für das Essen im Lager. Und für die Arbeit, die wir geleistet haben, haben sie uns einen Hungerlohn gezahlt. Sie haben uns nicht einmal einen richtigen Kapitän mit auf den Weg gegeben, sondern einen versoffenen Nigerianer, unfähig, sich gerade auf den Beinen zu halten. Vielleicht ist auch er ein illegaler Einwanderer, der sich als Seemann ausgegeben hat und sich somit die tausend Dollar sparen konnte. Glaubst du, dass denen, die uns auf dieses Wrack verfrachtet haben, auch nur das kleinste bisschen an unserem Leben liegt? Wir sind die Letzten, um die sie sich Sorgen machen. Gehen wir unter, wird es niemand auch nur bemerken. Uns gibt es nicht. Das ist die Realität, Feven.«

Ich war erschüttert und drauf und dran, in Panik auszubrechen. Mansour hatte Recht. Gestern Abend noch hatte ich mich am Ende meiner langen Reise gewähnt, und nun war das Ziel erneut in unerreichbare Ferne gerückt. Wir waren ein Schrotthaufen auf hoher See, beladen mit menschlichem Müll, ohne Treibstoff, der endlosen, launischen Weite aus Wasser ausgeliefert. Auch Alganesh, Michael und Eden waren den Worten Mansours gefolgt und verstummt. Die Erste, die sich wieder fasste, war Alganesh.

»Ihr werdet sehen, im Tank ist noch genug Treibstoff, um bis nach Italien zu kommen. Wir schaffen das schon irgendwie, das ist nur ein kleiner Zwischenfall. Wir dürfen jetzt nur nicht die Ruhe verlieren, auch wenn wir alle schon ziemlich mitgenommen sind – selbst mein kleiner Peter, nicht wahr?«, sagte sie und lächelte ihr Kind an. »Es ist an der Zeit, ein wenig zu essen, Kleiner, nicht wahr?«

Alganesh holte aus ihrer Tasche ein Fertiggläschen und eine Flasche Wasser hervor. Wir folgten ihrem Beispiel. Schweigend aßen wir, den Blick auf die Treppe gerichtet. Als der Kapitän und die beiden Nigerianer wieder auf die Brücke kamen, trat Stille ein. Die drei gingen jedoch auf das Steuerhaus zu, schlossen sich darin ein, hantierten etwa zehn Minuten am Instrumentenbrett herum und kamen schließlich wieder heraus. Einer der Nigerianer, der größere und wuchtigere von ihnen, bat alle um Aufmerksamkeit und erläuterte uns die Lage.

»Wir haben den gesamten Treibstoff verloren. Dieses Wrack ist so trocken wie ein Stein in der Wüste. Der Motor ist nicht mehr zu benutzen. Wir haben nicht einmal einen Kapitän, der auf irgendeine Weise vom Wind profitieren kann. Wir haben keinen Funk an Bord, daher können wir niemanden benachrichtigen. Der Kompass ist das Einzige, das für unsere Zwecke brauchbar ist. Wir müssen uns also darauf vorbereiten, weit mehr Zeit an Bord dieses Wracks zu verbringen als vorgesehen. Wenn jemand unter uns ist, der mit Navigation Erfahrung hat, soll er sich melden. Ansonsten werden wir das Kommando über diesen Schrotthaufen übernehmen. Wir verbieten dem Kapitän, Bier zu trinken, und werden alles aus ihm herausquetschen, was uns dazu dienlich sein könnte, irgendwo an Land zu gehen, vielleicht sogar in Italien …«

»Du wirst über gar nichts das Kommando übernehmen!«, schrie ihm ein Somali aus der Gruppe, die am Ende des Bugs Platz genommen hatte, entgegen. »Wenn der Kapitän in der Lage ist, dieses Fischerboot zu steuern, dann soll er es tun. Ansonsten werden wir alle gemeinsam eine Entscheidung treffen.«

»Wir denken nicht im Traum daran, unser Leben in die Hände von Somalis zu legen«, gab der Nigerianer zurück und blickte bedrohlich zu der Gruppe, aus der sich die Stimme erhoben hatte. »Aber meinetwegen. Entscheiden wir gemeinsam, was zu tun ist. Dem Kompass nach treibt uns der Wind nun in Richtung Westen. Eine Richtung, die uns nicht interessiert, niemanden von uns. Noch einmal: Gibt es jemanden, der sich mit dem ganzen Navigationszeug auskennt, oder nicht? Wenn ja, soll er sich melden!«

Aus der Gruppe der Somalis erhob sich ein noch sehr junger Bub. Der Nigerianer schaute ihn geringschätzig an. »Was willst du denn schon vom Meer verstehen, hm?«

»Ich komme aus einer Fischerfamilie, wir haben nur kleine Boote und legen kurze Strecken zurück, aber ich kenne mich mit den Winden aus und weiß, wie mit ihnen umzugehen ist. Wenn wir nur ein Segel hätten!«

Der Nigerianer bedeutete ihm herzukommen, und das Grüppchen, einschließlich des Kapitäns, begann zu beratschlagen. Auf dem Fischerboot machte sich ein leises Flüstern breit. Auf den Gesichtern der Passagiere war die Verzweiflung abzulesen. Auf Grund des ganzen Durcheinanders waren mehrere Stunden vergangen. Es war Nachmittag, am Himmel war keine einzige Wolke zu sehen, und die hochstehende Sonne machte sich bemerkbar. Zum Glück war es eine winterliche, nicht allzu unangenehme Sonne, aber ihre Wärme und die Salzschicht, die sich auf den unbedeckten Stellen unseres Körpers abgesetzt hatte, lösten in uns einen unstillbaren Durst aus. Eden holte ihre Wasserflasche hervor, doch Mansour hielt sie zurück.

»Wir sollten mit Wasser und Essen von nun an lieber sparsam umgehen, wenn wir auf diesem Wrack noch ein paar Tage ausharren müssen. Vor allem das Wasser müssen wir gut einteilen. Außerdem müssen wir unsere Essensvorräte gut bewachen, denn früher oder später werden irgendwelche Gewalttätigen allein oder in Gruppen versuchen, sie an sich zu reißen.«

»Ich habe Durst, Mansour«, sagte Michael. Er lag ausgestreckt da, den verwundeten Fuß entblößt, das Gesicht verzerrt, die Augen glänzend. »Ich habe drei Flaschen Wasser in meinem Rucksack. Ich habe Durst, kann ich etwas trinken?«

Mansour legte die Hand auf seine Stirn. »Du hast Fieber. Wie geht es deinem Fuß?«

»Jetzt gerade tut er nicht weh, aber gestern, als ich mir die Schuhe überstreifen musste, hat mein ganzes Bein geschmerzt, und ich habe gespürt, wie es in der Wunde pulsierte. Aber ich habe mich zusammengenommen, und seit wir das Schiff betreten haben, bin ich nicht mehr aufgestanden, um ihn nicht unnötig zu belasten.«

»Die Wunde ist neu aufgebrochen«, sagte Alganesh, die sich vorgebeugt hatte, um sie zu untersuchen. »Und die Ränder sind dunkel. Deswegen hast du auch Fieber.«

»Trink wenig, Michael, aber trink«, sagte Mansour. »Und du auch, Eden, trink ruhig. Wer Durst hat, der soll trinken, aber denkt daran, dass das Wasser wertvoll ist, und zwar mit jeder Stunde mehr. Wir werden es schon irgendwie hinkriegen, unsere Vorräte zu bewachen. Wir entfernen uns einfach so wenig wie möglich von unserem Platz, und wer da bleibt, behält seine eigenen Sachen im Auge und die der anderen.«

Peter, der zuvor im Schoß von Alganesh eingeschlummert war, war aufgewacht, als Alganesh sich vorgebeugt hatte, um Michaels Wunde zu begutachten, und weinte nun vor Hunger. Ohne es zu merken, hatten wir in der Aufregung seit dem Morgen nichts mehr zu uns genommen, und die Sonne ging bereits unter. Schweigend aßen wir ein wenig.

Ich fragte mich, wie weit weg Italien wohl war. In Kilometern gerechnet vielleicht nicht so sehr, möglicherweise konnte man die Küste knapp über der Horizontlinie bereits erkennen, und doch blieb unser Ziel weiterhin eine unerreichbare Fata Morgana. Ich schaute mir meine Reisegefährten an. Alganesh versuchte, Peter etwas abzulenken, während sie ihm zu essen gab; Michael hatte nur einen winzigen Happen zu sich genommen und lag, das Bein ausgestreckt, auf dem Boden. Mansour kaute finster an dem Inhalt einer kleinen Dose, und Eden lehnte sich gegen die Reling, eine Hand auf ihrem Bauch, das Gesicht angespannt.

Es war fast dunkel geworden, als Mansour das

Schweigen brach: »Morgen früh gehe ich zu dem Nigerianer und frage ihn, wie sie entschieden haben. Jetzt müssen wir alle versuchen, ein wenig zu schlafen.«

Dort, wo die Sonne untergegangen war, sah man noch immer, wie ihre rötlichen Strahlen die einer weichen Watteschicht gleichenden Wolken färbten. Ich war erschöpft, und die Dunkelheit traf mich völlig unerwartet. Die Profile der Menschen um mich herum waren nicht mehr zu erkennen, ich konnte sie nur noch hören: ein Husten, ein Flüstern, das Geräusch eines fallenden Gegenstandes. Nicht einmal der Mond war da. Er war von den Wolken bedeckt, und so umhüllte mich die Nacht vollkommen.

Es war kalt. Als ich erwachte, war ich am ganzen Körper steif, obwohl ich in eine Decke eingehüllt war. Sie war zu leicht, um mich gegen die Feuchtigkeit des Meeres zu schützen. Ich wollte meine Augen nicht öffnen, und mir kam es so vor, als würden meine Knochen bei jeder noch so geringen Bewegung brechen. Um mich herum vernahm ich die typischen Geräusche des Erwachens: Wispern, Rufe, Schritte. Ich musste mich mit der Situation abfinden und dem neuen Tag entgegentreten. Ich zog die Decke von meinem Gesicht und hob den Kopf. Alganesh war bereits auf den Beinen und zeigte Peter das Meer, der es fasziniert betrachtete. Ich stand auf, wickelte mich fest in meine Decke und ging zu ihr. Sie lächelte mich an.

»Ich habe Peter zu essen gegeben, aber ich bräuchte etwas Milch, etwas Warmes. Es war kalt heute Nacht. Ich habe mir auch Michaels Wunde angeschaut: Ihr Zustand verschlimmert sich, die Ränder sind komplett schwarz. Ich glaube, ihn hat der Wundbrand erwischt. Wenn er nicht bald behandelt wird, muss man ihm möglicherweise den Fuß abnehmen.«

»Wir sitzen ganz schön in der Klemme, Alganesh, aber wir müssen durchhalten. Irgendwo werden wir schon ankommen, hoffentlich bald.«

Doch wo würden wir ankommen? Und wann? Ich versuchte, meine Tränen zu verstecken. In der Zwischenzeit waren auch Mansour und Eden aufgewacht. Erneut setzten wir uns zum Essen im Kreis um Michael und breiteten unsere Vorräte aus: Dosen, Brot und eine Tube Mayonnaise, eine von dem armen Michael zur Verfügung gestellte Köstlichkeit, um sich für unsere Hilfe zu bedanken.

Unter den Passagieren schien sich Unbehagen auszubreiten, und der Grund hierfür war eindeutig. Seit zwei Tagen befanden wir uns nun auf diesem Fischkutter, wodurch ein neues Problem entstanden war: Hundertfünfzig Personen, für mehrere Tage zusammengepfercht auf engstem Raum, ließen die hygienischen Bedingungen zur Katastrophe werden. Alle mussten ihre Notdurft verrichten, doch die Brücke konnte nicht einfach als Latrine missbraucht werden. Jemand hatte dieses Problem bereits gelöst, indem er über die Reling uriniert hatte, mit dem Ergebnis, dass andere Passagiere wegen des Gegenwinds nass geworden waren. Streit war entstanden, es wurde geschrien und geflucht, aber auch nicht mehr. Das Problem bedurfte dringend einer Lösung. Mansour übernahm die Aufgabe, den Nigerianern die Sachlage darzustellen.

Auf der Brücke machte sich eine gewisse Unruhe breit. Im Steuerhaus, in der Mitte des Fischerbootes, begutachteten die zwei Nigerianer und der somalische Junge gemeinsam mit dem Kapitän den Kompass. Mansour machte die Nigerianer auf sich aufmerksam und sprach dann kurz mit dem Größeren der beiden. Jener schob ihn mit einer Hand beiseite und bat dann die Passagiere, ihm zuzuhören.

»Der Wind treibt uns weiter in Richtung Westen. Wenn er sich nicht dreht, müssten wir morgen früh in einer Entfernung von etwa ein paar Dutzend Kilometern Malta passieren«, sagte er, »aber die Insel ist für uns nicht von Interesse. Viele von uns müssten mit Schwierigkeiten rechnen, wenn wir dort an Land gingen, denn das Gesetz sieht eine sofortige Rückführung in das Herkunftsland vor. Ich gehe davon aus, dass ihr lieber auf diesem Wrack bleiben wollt, als in euer Heimatland zurückzukehren, richtig? Wir müssen allerdings damit rechnen, von einem Patrouillenboot entdeckt zu werden, das möglicherweise Alarm schlägt und Schiffe aussendet, um uns zu helfen. Unser Schicksal liegt also in Gottes Hand.«

Der Mann hielt einen Moment inne, blickte um sich und fuhr dann fort: »Für den Augenblick ist es das Wichtigste, unsere Fahrt so angenehm wie möglich zu machen. Besitzt jemand Decken, die er nicht benutzt, soll er sich melden. Wir benötigen sie, um am Bug eine Art abgetrennter Toilette einzurichten, damit nicht das ganze Boot beschmutzt wird. Alle sind dafür verantwortlich, dass dieser Ort sauber gehalten wird. Alles klar?«

Mansour kam kopfschüttelnd wieder zu uns zurück. »Das mit Malta macht mir Sorgen. Ich habe gehört, dass Eritreer dort besonders schlecht behandelt und sofort in ihre Heimat zurückgeschickt werden. Es scheint, als würden wir sehr dicht an der Insel vorbeifahren. Ich habe vorhin einige Worte von den Somalis aufgeschnappt, die hinter mir standen. Offenbar gilt in Malta ein Gesetz, das Somalis bevorzugt behandelt und diese auf Kosten des Staates nach Kanada ausfliegt. Sie haben gesagt, sie legen alles darauf an, morgen früh entdeckt zu werden. Ihnen kommt es äußerst gelegen, wenn Hilfe geschickt wird, wir dagegen sind dann erledigt.«

»Die Nigerianer werden es nicht so weit kommen lassen«, sagte Eden.

»Das glaube ich auch«, stimmte Mansour zu. »Und weißt du, was das heißt? Dass es an Bord zu einer Auseinandersetzung kommen wird. Und am Ende könnten ebenso gut die Somalis als Gewinner hervorgehen. Es sind sehr viele.«

Verzagt dachte ich daran, dass wir nicht nur auf offener See trieben, Wasser und Essen in begrenzter Menge besaßen und es in unserer Gruppe einen Kranken gab, sondern dass nun zu allem Überfluss auch noch das Risiko bestand, die monatelangen Qualen könnten umsonst gewesen sein. Nach Eritrea zurückkehren! Ich würde als Deserteurin im Gefängnis landen, härteste Strafen erleiden müssen und anschließend an die Front geschickt werden. Meine Nerven lagen blank. Ich wandte mich an Alganesh, jene Person, die mir am meisten Ruhe einflößte, ergriff eine ihrer Hände und drückte sie fest. Sie, die gerade Peter wiegte, verstand.

»Wir dürfen den Mut nicht verlieren, Feven. Es kann nicht immer nur schlecht laufen. Irgendwann wird etwas Positives passieren, du wirst sehen!« Sie fasste mich an der Schulter. »Komm, beschäftige dich ein wenig mit Peter, das wird dich ablenken!«, sagte sie lächelnd, und schon hielt ich das warme Bündelchen in meinen Armen.

Niemand wollte seine Decken für diesen wenig glorreichen Zweck zur Verfügung stellen, und so zwangen die Nigerianer und Somalis einige Passagiere dazu. Sie versicherten ihnen, sie ihnen für die Nacht zurückzugeben. Mit den zwei Tage zuvor entfernten Holzplanken des Zugangs zum Unterdeck wurde eine Art Latrine eingerichtet, die an der Reling des Bugs endete. So wurde aus dem begehrten Platz der unhygienischste und übelriechendste Ort auf dem bereits verwüsteten Schiff.

Für den Rest des Tages bildete sich eine Schlange von Menschen, die alle die Toilette aufsuchten. Mansour begleitete Michael. Zum ersten Mal, seit wir das Schiff betreten hatten, stand er wieder auf. Bei Sonnenuntergang war der Himmel von Wolken bedeckt. Eine weitere kalte, feuchte Nacht kündigte sich an.

Wieder wurde ich von eigenartigen Geräuschen geweckt. Ich blinzelte hinter meiner Decke hervor und sah im Dunkeln Schatten, die sich an der Spitze des Buges, wo die Latrine wieder abgebaut worden war, zu schaffen machten. Mein erster Gedanke war, jemand würde sie für den neuen Tag wieder aufbauen, doch kurze Zeit darauf belebte sich die Brücke plötzlich. Ein Durcheinander von Stimmen, Schreien, Flüchen und Drohungen entstand. Mansours Vorhersage hatte sich bewahrheitet: Die Somalis hatten in dem Moment, in dem wir nach unseren Berechnungen Malta am nächsten kommen sollten, versucht, ein Feuer zu entzünden, um auf unser Boot aufmerksam zu machen. Die Nigerianer hatten es bemerkt und sie davon abhalten wollen. Von der Schlägerei waren die Passagiere aufgewacht, die nun, eingewickelt in ihre Decken, dem Schauspiel zusahen. Einige hatten sich erhoben und versuchten, der einen oder anderen Seite Beistand zu leisten. Nach einigen Faustschlägen und Rangeleien blitzten in den Fäusten der Somalis Messerklingen auf. Den großen, kräftigen Nigerianer, der praktisch das Kommando über das Schiff übernommen hatte, traf es als Ersten. Sie stürzten sich zu dritt auf ihn und setzten ihn außer Gefecht. Die anderen Nigerianer bewaffneten sich mit Teilen der Planken. Gerade als die Schlägerei außer Kontrolle zu geraten drohte, schalteten sich der somalische Junge und der Kapitän ein, der, nachdem er vom Bier ferngehalten worden war, wieder bei klarem Verstand zu sein schien. Um sich Gehör zu verschaffen, schrien sie, es sei völlig nutzlos, Feuer anzuzünden, da wir, dem Kompass nach zu urteilen, weit weg von Malta seien. Während der Nacht hatte uns der Wind in Richtung Spanien abgetrieben. Diese Erklärungen genügten zum Glück. Auf der Brücke kehrte wieder Ruhe ein. Die Nigerianer kümmerten sich um ihren Anführer, der an Bein und Hand von einer Messerklinge gestreift worden war.

Derweil war es hell geworden. Der Himmel war bewölkt, Wind kam auf. Einige Freiwillige bauten die Latrine wieder auf, und unser Grüppchen fand sich erneut im Schutz der Reling zusammen. Nachdem wir uns für den Toilettengang angestellt hatten, unterhielten wir uns ein wenig, und bevor wir zu essen begannen, schlug Mansour vor, wir sollten uns einen Überblick über die verbliebenen Essens- und Wasservorräte verschaffen. Wir waren nicht so schlecht dran: ein wenig mehr als ein Liter Wasser pro Person, vier Gemüsegläschen, die ausschließlich Peter vorbehalten waren, sieben kleine Fleisch- und drei Sardinendosen, ein wenig altbackenes Brot und das große Glas Schokoladencreme von Johannes' Vater, das ich noch nicht geöffnet hatte und für die kritischen Momente aufbewahrte. »Wir müssen anfangen, alles entscheidend zu rationieren«, sagte Mansour. »Wenn der Wind uns so weit fortgetrieben hat, sind wir noch weiter vom Festland entfernt und werden daher noch lange Zeit auf See bleiben müssen. Lasst uns jetzt was essen, aber ab heute Abend müssen wir vermeiden, während des Tages etwas zu uns zu nehmen. Es ist sicherer bei Nacht, wenn uns niemand sieht. Ich habe beobachtet, dass viele ihre Vorräte bereits aufgebraucht haben. Alganesh, trag die Gemüsegläschen für Peter immer bei dir, in deiner Tasche oder sonstwo, damit du wenigstens was für deinen Sohn hast, falls sie uns die Vorräte stehlen.«

»Ich habe Durst, Mansour«, stöhnte Michael, der noch immer fiebrig war.

Mansour reichte ihm die Flasche. »Er benötigt am meisten Wasser von uns, andernfalls trocknet ihn das Fieber aus.«

Erschlagen von den Ereignissen, saßen wir den Rest des Tages auf dem Boden, den Rücken an die Reling gelehnt. Wir sprachen nur wenig und vertraten uns ab und zu auf der Brücke die Beine.

Der Himmel war fast den ganzen Tag bedeckt gewesen, und der Wind, der die ganze Zeit über geweht hatte, wurde gegen Abend noch stärker. Wohin würde er uns treiben? Peter weinte nun fast ununterbrochen, und

Alganesh bat mich immer wieder, mich ein wenig um ihn zu kümmern. Bei Sonnenuntergang machte ich einen letzten kleinen Spaziergang auf der Brücke. Ich fühlte mich unglaublich müde. Das wenige Essen ermattete mich. Ich hatte Durst, mein Körper fühlte sich klebrig an durch die brackige Luft, und meine Kehle war ausgetrocknet. Aber bis ich wieder essen und trinken durfte, musste ich mich noch ein wenig gedulden. Bis zum Einbruch der Dunkelheit.

Frostiger Wind, peitschender Regen, tobendes Meer, Decken und Kleider klitschnass von spritzendem, eisigem Wasser … Der Sturm, das einzige Übel, das uns bisher erspart geblieben war, hatte während der Nacht begonnen und sich bis jetzt, kurz vor Sonnenaufgang, nicht wieder gelegt. Um uns herum nichts als Finsternis. Wie eine Nussschale hüpfte das Fischerboot zwischen den Wellen auf und ab. Jedes Mal wenn sich der Bug des Schiffes aufbäumte, ertönten Schreie, Gebete, Flüche. Die Kinder weinten bereits seit Stunden, und viele Erwachsene stöhnten, geschüttelt von Brechreiz. Wir würden sterben, davon war ich überzeugt. Dieses heruntergekommene Schiff würde plötzlich der Gewalt des Meeres nachgeben und alles in nur wenigen Augenblicken ein Ende finden … Alles. Kälte, Hunger, Durst. Hoffnungen, Wünsche, Träume.

Instinktiv, als könnte sie mir Schutz bieten, presste ich die durchnässte Decke fest an meinen Körper. Ich spürte, dass auch die anderen anfingen zu kapitulieren. Die Schreie wurden gedämpfter, die Stimmen verklangen. Niemand an Bord hatte mehr Kraft, nicht einmal, um seine Wut und Verzweiflung über diese abscheuliche Ungerechtigkeit hinauszuschreien, über die Schlepper, die über unser Schicksal entschieden, die uns alles genommen hatten, was wir besaßen, damit wir dieses schwimmende Wrack besteigen durften.

Das Fischerboot schaukelte sanft hin und her. Das Meer hatte uns eine Pause gegönnt. Wir hatten überlebt, zumindest bis zum nächsten Sturm. In der noch immer tiefschwarzen Nacht atmete ich den beißenden Gestank von Exkrementen, Urin, Erbrochenem und ungewaschenen Körpern, der so intensiv war, dass er selbst den starken, brackigen Geruch des Meeres überdeckte. Ich wollte aufstehen, aber meine Beine gehorchten mir nicht mehr. Seit vier Tagen hatte ich nichts Richtiges gegessen. Angetrieben von einer übermenschlichen Kraft, möglicherweise im Bewusstsein, dass wir gerade dabei waren zu resignieren, schüttelte Mansour in einem fort mich, Eden, Alganesh und Michael. »Esst, ihr müsst essen! Jetzt, bevor es Tag wird!« Halb aufgerichtet auf der schmutzigen Brücke, gehorchten wir ihm mühevoll. Nur Michael weigerte sich.

»Ich habe Durst, so schrecklichen Durst. Gebt mir etwas zu trinken! Wo sind wir? Haben wir noch Hoffnung? Ich kann nicht mehr …«

»Tut dir dein Bein weh?«, fragte ich ihn.

»Nein.«

Alganesh, Eden, Mansour und ich tauschten besorgte Blicke. Mit Michael sah es schlimm aus, er brauchte sofortige Hilfe. Aber was konnten wir tun? Absolut nichts, außer an seiner Seite zu bleiben und seinen Durst zu stillen, indem wir auf unser eigenes Wasser verzichteten.

Wir verbrachten den Tag sitzend auf der dreckigen und stinkenden Brücke. Ich erinnerte mich, dass ich irgendwo gelesen hatte, die Schiffe, die vor zweihundert Jahren für den Transport afrikanischer Sklaven nach Amerika benutzt wurden, hätten einen ganz eigenen Gestank angenommen, der sich nicht mehr entfernen ließ und aus einer Entfernung von Dutzenden Metern zu riechen war. Auf diesem Fischerboot war es genauso.

Niemand stand mehr auf. Wir warteten auf unser Ende. Menschliche Wesen wie Tiere auf der Schlachtbank, in Erwartung des Gnadenstoßes. Vielleicht sogar glücklich, wie ein Tier zu sterben, um diese Schmach der Beraubung jeglicher Menschenwürde nicht länger ertragen zu müssen …

Mansour nahm irgendwann all seine Kräfte zusammen, um den Kapitän und die Nigerianer zu fragen, wo wir uns befanden. Als er zurückkam, breitete er niedergeschlagen die Arme aus: »Dieses Schiff ist wirklich mit einem Fluch beladen. Der Wind hat uns wieder zurückgetrieben. Wir sind genau an dem gleichen Punkt, von dem aus wir gestartet sind.«

Der Abend kam und ein neuer Morgen. Ausgehungert und völlig ermattet blickten wir auf das Meer, ohne es zu sehen. Wir hatten die gesamten Essensvorräte aufgebraucht und die letzte Flasche Wasser für Michael zurückbehalten, der immer schwächer wurde. Peter weinte nicht einmal mehr. Er hatte sich im Schoß von Alganesh zusammengekauert, die ihn traurig und verzagt mit letzter Kraft streichelte. Schicksalsergeben. Sie hatte dieses Schiff bestiegen, um Peter eine Zukunft zu geben, und dann … Ich fühlte mit ihr und begann zu weinen.

Die Rettung kam wie aus heiterem Himmel. Durch die Dumpfheit hindurch, in die ich hinabsank, erreichte mich ein eigenartiges Geräusch, ein immer lauter werdendes Brummen. Ein Insekt? Nein, etwas Großes ... Ich hob meine Augen zum Himmel. Ein Hubschrauber umkreiste unser Fischerboot. Kurze Zeit darauf hörte man am Bug das Geräusch eines Motors. Wie viele andere kroch ich über den Boden, erhob mich dann und beugte mich über die Reling. Ein Motorboot hatte uns im Schlepptau und zog uns in Richtung Ufer. Verschwommen sah ich Krankenwagen, uniformierte Männer und ein Durcheinander von Händen, die sich vorstreckten, um Flaschen mit Wasser zu reichen oder entgegenzunehmen.

Man führte uns in einen großen Raum, wo wir von Ärzten untersucht wurden, anschließend erhielten wir etwas zu essen. Ein paar Stunden später fühlte ich mich schon wieder viel besser und lächelte Mansour und Eden neben mir zu.

»Wir haben es geschafft, wir sind in Italien!«

Meine ganze Freude erlosch jedoch, als ich sah, wie sich Mansour und Eden gegenseitig einen traurigen Blick zuwarfen.

»Was ist? Sagt was! Wo sind wir?« Vor Angst schrie ich fast.

»In Tunesien, Feven. Wir sind in Tunesien«, antwortete Mansour. »Die Ärzte haben Michael und Alganesh mit dem Kind fortgebracht. Was mit uns geschieht, steht in den Sternen.«

Völlig am Ende, ließ ich mich zu Boden fallen. Tunesien. Wozu so viele Opfer, so viel Schmerz? Für was? Um im falschen Land anzukommen, nachdem wir unser Leben und unsere Hoffnungen solch erbärmlichen Menschen anvertraut hatten? Was würde nun aus mir werden? Würde ich jemals wieder Tesfay in meine Arme schließen dürfen?

Epilog

In Tunesien kümmerten sie sich darum, dass wir wieder auf die Beine kamen. Zum Glück waren wir nur stark dehydriert und unterernährt. Nach wenigen Tagen waren wir schon wieder so weit hergestellt, dass wir unsere Rückführung antreten konnten. Glücklicherweise hatten die Behörden beschlossen, uns nicht in unser Herkunftsland abzuschieben, sondern nach Libyen, von wo wir unsere Überfahrt angetreten hatten. Sie brachten uns bis zur Grenze und überließen uns dort unserem Schicksal. Mit unseren spärlichen finanziellen Mitteln kehrten wir nach Tripolis zurück, und alles begann wieder von vorn: der Kontakt mit Gennet, die Wartezeit im Lager und schließlich ein neues Schiff, um eine zweite Überfahrt zu versuchen. Dieses Mal klappte alles, und in vierundzwanzig Stunden hatten wir die Küste von Lampedusa erreicht, wo uns die Polizei in Empfang nahm und in ein vorübergehendes Auffanglager für Emigranten brachte. Von dort wurde ich ins Lager nach Crotone gebracht, wo ich zwei Monate blieb, bevor ich meiner Wege gehen konnte.

Heute lebe ich mit Tesfay in einer großen italienischen Stadt. Schließlich ist mein Traum doch noch in Erfüllung gegangen. Mein Leben ist wie das von Millionen anderer Immigranten: Tagsüber verdiene ich mein Geld als Zimmermädchen in einem Hotel, abends als Kellnerin in einem Restaurant. Tesfay arbeitet noch immer auf demselben Markt, wo er eingestellt wurde, als ich gerade in Khartoum war. Beide müssen wir jedes Jahr unsere Aufenthaltsgenehmigung erneuern lassen.

Ich habe beschlossen, meine Geschichte, die Schicksalsschläge, das Leid und den Missbrauch, die ich während meiner Reise erlebt habe, zu erzählen, denn ich wünsche mir, dass all das niemandem jemals wieder geschieht. Vielleicht wünsche ich mir auch nur, dass all die Menschen, die ich Tag für Tag treffe, meine Arbeitgeber, die Beamten, die meine Papiere erneuern, und die Bewohner der Stadt, in der ich wohne, wissen, dass ich nicht nur eine Ausländerin bin, sondern eine Frau mit einer Vergangenheit und Würde. Eine Frau, die sich eine Zukunft wünscht, dafür arbeitet und die Gesetze des Landes respektiert – des Landes, das sie aufgenommen hat und dem sie trotz zahlreicher Zeichen von Intoleranz, die sie von Zeit zu Zeit beängstigen, dankbar ist.

Ich wünsche mir ebenfalls, dass diese Menschen sich ihres Glückes bewusst werden: Während sie ihr Leben sorglos führen können, meist ohne dafür ein Opfer gebracht zu haben, durchqueren tausende junger Männer, Frauen und Kinder Wüsten und Meere auf der Suche nach einem besseren Leben. Solange diese Unglücklichen nicht ihr endgültiges Ziel erreicht haben, wird die Geschichte von Feven, meine Geschichte, kein Ende finden.

Heute, wo ich an meine Zukunft denken kann, kehren meine Gedanken oft in die Vergangenheit zurück, und ich sehe erneut die Gesichter der Menschen, die mich auf meiner Reise begleitet haben. Ich habe nie wieder etwas von Michael oder von Alganesh und ihrem Peter gehört. Ich weiß auch nicht, was aus der schwangeren Eden geworden ist. Ich hoffe, dass sie nicht nach Eritrea zurückgeschickt wurden. Auch von Sara, meiner Freundin, die mit mir das erste Mal von Eritrea nach Äthiopien geflohen ist, habe ich keine Nachrichten. Mit Mansour hingegen stehe ich noch immer in Kontakt. Er lebt in Deutschland, und es geht ihm gut.

Auch die Gesichter von Twolde und Hamed sehe ich erneut vor Augen. Ob sie wohl noch immer als Schlepper arbeiten? Könnten sie mich hören, würde ich sie darum bitten, menschlicher zu sein, die illegalen Einwanderer, die ihnen ihr Leben anvertrauen, besser zu behandeln.

Und Tesfalem, mein teurer Freund? Ich höre oft von ihm. Er hat eine harte Zeit hinter sich, seine Odyssee dauerte nach unserem Abschied noch fast zwei Jahre. Vor wenigen Monaten jedoch hat er es geschafft, nach Kanada zu gelangen.

Natürlich bin ich in Gedanken immer in Eritrea, bei all den Menschen, die ich kenne. An erster Stelle bei meinem Vater, meiner Mutter und meinen Brüdern. Ich empfinde eine unendliche Liebe für sie, und wenn ich in diesem Buch meinen wahren Namen nicht genannt habe, dann nur, um sie vor Repressalien und Racheaktionen zu schützen. Denn das aktuelle Eritrea ist noch immer das, aus dem ich geflohen bin.